GUIDE PRATIQUE

DU COLON ET DU SOLDAT

A MADAGASCAR

PARIS
J. ANDRÉ & Cie
27, Rue Bonaparte

GUIDE PRATIQUE

DU

COLON ET DU SOLDAT

A

MADAGASCAR

GUIDE PRATIQUE

DU

COLON ET DU SOLDAT

A

MADAGASCAR

PAR

E. GAUTIER
Agrégé de l'Université, chargé de
mission à Madagascar

A. JULLY
Architecte des résidences françaises
à Madagascar

Dr ROUIRE
Médecin-major

PAUL COMBES
Rédacteur au *Mouvement africain*

PARIS

LIBRAIRIE AFRICAINE ET COLONIALE

JOSEPH ANDRÉ ET Cie

27, RUE BONAPARTE, 27

1895

A

M. ALFRED GRANDIDIER

MEMBRE DE L'INSTITUT

Présenter sous une forme concise et claire à la fois, en le résumant avec méthode, l'ensemble des notions géographiques, ethnographiques et historiques que l'on possède actuellement sur la Grande Ile ; exposer en une série de tableaux d'une lecture facile les données les plus récentes et les plus exactes recueillies sur ce sujet, réunir de même tous les renseignements économiques de nature à intéresser l'explorateur et le colon, tel a été notre but en publiant le *Guide pratique du colon et du soldat à Madagascar*.

Si nous avons pu, dans une certaine mesure, suivre ce programme aussi complexe, nous le devons non seulement au concours dévoué, empressé, de collaborateurs d'élite tels que MM. E. Gautier, agrégé de l'Université, chargé de mission à Madagascar par le ministère de l'Instruction publique; A. Jully, architecte des Résidences françaises à Madagascar; Rouire, médecin major, membre d'une commission d'exploration scientifique et Paul Combes, rédacteur au *Mouvement africain*; mais nous le devons encore et surtout aux précieux encouragements, aux conseils et à l'appui du savant dont le nom est désormais lié à tout ce qui concerne l'histoire et la géographie de Madagascar.

C'est donc en témoignage de notre vive gratitude pour sa bienveillance et de notre profonde déférence pour son œuvre, que nous dédions à M. ALFRED GRANDIDIER cet ouvrage destiné, nous l'espérons, à rendre de réels services aux officiers, aux voyageurs, aux agriculteurs, commerçants, industriels, aux fonctionnaires, qui cherchent à développer les relations de la France avec Madagascar, à tous ceux qui ont le désir de bien connaître ces vastes régions, afin d'y faire pénétrer d'une manière plus rationnelle et plus efficace l'influence féconde du génie français.

LES ÉDITEURS.

GUIDE PRATIQUE

DU

COLON ET DU SOLDAT

A MADAGASCAR

GÉOGRAPHIE PHYSIQUE

SITUATION ET ÉTENDUE

L'île de Madagascar est allongée du nord au sud ou plus exactement du nord-nord-est au sud-sud-ouest. On l'a comparée à l'empreinte d'un pied gauche nu dont le gros orteil serait au cap d'Ambre, autrement dit à notre colonie de Diego-Suarez, et le talon à Fort-Dauphin.

La pointe nord est par 11°57'. La pointe sud, c'est-à-dire le cap Sainte-Marie par 25°39'. L'extrémité sud est donc en dehors de la zone tropicale, ce que les soldats hovas en garnison dans l'extrême-sud, très observateurs comme tous les Malgaches de la marche du soleil et de la rose des points cardinaux, expriment en s'étonnant qu' « à Fort-Dauphin le soleil reste toujours dans le nord ».

Le point le plus occidental est par 40°52' de longitude — le plus oriental par 48°7'.

La plus grande longueur est de 1 515 kilomètres, la plus grande largeur de 600 kilomètres et la superficie totale d'à peu près 590 000 kilomètres carrés ; un peu plus que la superficie de la France, ce qui place Madagascar au troisième rang parmi les grandes îles du globe.

De toutes parts et particulièrement du côté de sa voisine géante, l'Afrique, à laquelle on serait tenté de la rattacher, l'île est entourée de grandes profondeurs maritimes ; elle se dresse d'un jet des grands fonds de l'Océan et l'étude du relief sous-marin ne fournit aucune indication sur son passé.

Pourtant on s'accorde généralement à croire que Madagascar a dû faire partie, à l'époque secondaire, d'un immense continent que les zoologues appellent Lemuria, et dont n'émergerait plus aujourd'ui, en dehors de la puissante masse de Madagascar, que des vestiges insignifiants, quelques îlots épars dans l'Océan Indien, Bourbon, Maurice, les Seychelles.

Si des considérations zoologiques ont surtout milité en faveur de cette hypothèse, une étude sommaire de la géologie Malgache suffit déjà à en faire entrevoir la vraisemblance.

GÉOLOGIE

La majeure partie de l'île appartient tout entière aux terrains métamorphiques et secondaires.

Terrains métamorphiques. — Les premiers sont encore trop peu connus pour qu'on puisse en faire une étude d'ensemble un peu suivie. On consultera avec fruit sur ce sujet les travaux très détaillés, trop détaillés pour qu'on puisse les résumer ici, du révérend Baron; ils ont paru tantôt dans des revues publiées en Angleterre, tantôt dans l'Antananarivo Annual. Ils ont un caractère plutôt lithologique que stratigraphique; ce sont des analyses et des déterminations d'échantillon, provenant de roches dont la situation exacte et les rapports de position les unes aux autres ne sont pas déterminés. D'une façon très générale, les granits, les gneiss et les micaschistes sont les roches les plus communes; et parmi les éléments qui les composent, l'amphibole joue souvent un rôle : les calcaires cristallins sont fréquents; à quelques kilomètres Est de Tananarive un gisement est exploité par la fabrique de chaux d'Andranolanitra. A l'ouest d'Ambósitra, sur la route de Midóngy entre Ambátofinandráhana et Ambátofangehana se trouve un massif important de beaux cipolins à éclat marbré; et les calcaires reparaissent un peu plus loin à l'ouest de Trémo.

Dans le haut massif qui domine Fort-Dauphin à Isira, à Helakelaka, de nombreux calcaires sont intercalés dans les gneiss, ou bien, décomposés et entraînés par les pluies, les recouvrent en travertins, c'est-à-dire en dépôts récents, d'origine fluviale, attestant la présence de calcaires cristallins dans le voisinage ou dans le sous-sol.

Des schistes ardoisiers ont été signalés depuis longtemps dans le voisinage d'Ambositra.

Ce terrain primitif occupe, dans la partie orientale de Madagascar, une bande continue du nord au sud, et plus large que la moitié de l'île. Dans le sud même où l'on était disposé à le croire moins étendu, il occupe encore, je l'ai constaté, toute la partie nord du pays Antandroy. On peut donc dire que l'est, le nord et le sud de l'île sont constitués par le terrain primitif cristallo-phyllien.

Terrains primaires — Les terrains primaires ne sont représentés à Madagascar que par un étroit lambeau de carbonifère au sud-ouest de Nosy Be à la baie d'Ambávatoby.

Terrains secondaires. — Au contraire le terrain secondaire couvre toute la partie ouest de l'île. A la hauteur de Maiva Rano ce n'est encore qu'une bande étroite, mais qui va en s'élargissant vers le sud. Par Suberbieville, Ankavandra, Manandaza, Janjina, à mi-chemin, entre Ihosy et Ranohira, par le grand coude de l'Onilahy à peu près à la hauteur de Mantora, passe la ligne de démarcation entre les terrains primitif et secondaire, ce dernier étant immédiatement superposé à celui-là. Des fossiles déjà nombreux rapportés de Maiva Rano, de Belalitra, du voisinage de Majunga, du Bemaraha, du Tsiandava, de la vallée de l'Isakondry ne laissent aucun doute sur l'étendue recouverte par le terrain secondaire, quoiqu'il ne soit pas possible encore de déterminer à quels étages de l'époque secondaire appartiennent les différents sédiments.

Grès. — On peut du moins préciser que presque partout les couches inférieures sont des poudingues, des schistes, et des grès généralement d'un rouge sombre, violacé. Ces grès constituent toute la masse de l'Isalo (sur le plateau Bara), du Tsiandava (au Ménabé), ils réapparaissent à Ankavandra et à Suberbieville.

Calcaires. — Les calcaires sont rejetés plus à l'ouest et se superposent aux grès, occupant encore une position notable de l'île; car les premières pentes des plateaux Mahafály et Bára, le Bemaraha, toutes les hauteurs qui bordent la mer au nord de Majunga sont calcaires.

Il est donc évidemt, qu'à l'époque secondaire, Madagascar a été séparée de l'Afrique, bordée à l'ouest par une mer dont les côtes étaient en moyenne de 200 kilomètres plus orientales que celles du canal actuel de Mozambique. Comme d'autre part on n'a jamais pu trouver de terrain secondaire à la côte est, il est évident que, de ce côté, Madagascar s'étendait plus loin, et rien n'empêche de croire qu'elle se continuait par le grand continent disparu, le Lemuria des zoologues.

Terrains tertiaires. — Ce continent hypothétique a dû se distinguer au début de l'époque tertiaire. Car si les terrains tertiaires paraissent peu étendus à Madagascar, du moins sont-ils disséminés sur tout le pourtour de l'île. A Diégo-Suarez, à Majunga, à l'embouchure du Fiherenana, sur bien des points de la côte est, on a trouvé des fossiles tertiaires. Il est remarquable cependant qu'on n'en ait jamais signalé à plus de quelques kilomètres dans l'intérieur des terres. A vrai dire, on ne saurait encore en rien inférer de positif sur les limites de la mer tertiaire à Madagascar. Il peut exister des gisements de fossiles encore inconnus. En particulier, j'ai vu entre Ankavándra et la chaîne du Bemaraha des alluvions d'une grande épaisseur, superposées au grès, et dont je ne saurais dire, en l'absence de fossiles caractéristiques, à quel étage elles appartiennent.

En tout cas, quelles qu'aient pu être les limites exactes de la mer tertiaire, du moins semble-t-il à peu près certain qu'elle faisait le tour de Madagascar, que le pays était d'ores et déjà une île. La rupture, la séparation faite à l'époque secondaire du côté de l'ouest, se compléta à l'époque tertiaire du côté de l'est par l'effondrement du Lemuria.

Terrains éruptifs récents. — En même temps se produisaient des phénomènes volcaniques, dont la trace se retrouve encore dans toutes les parties de l'île. Il en existe de deux catégories.

Basaltes. — Les éruptions les plus anciennes et les plus abondantes ont amené au jour sur une infinité de points des basaltes, des trachytes et des roches analogues. Deux massifs sont particulièrement importants par leur étendue. L'un est connu depuis longtemps, c'est l'Ankáratra, dont la masse énorme sépare, au centre de l'île, l'Imérina et le Bétsiléo. J'ai constaté dans le sud, entre Támotámo (voir itinéraire de M. Catat) et la mer, c'est-à-dire dans la moitié nord du pays Antandroy, au milieu des gneiss, un autre massif analogue qui recouvre une superficie sensiblement égale à celle de l'Ankáratra, c'est l'Ivohitsombé. Les points où des roches basaltiques affleurent en moindre quantité sur la surface de l'île sont trop nombreux pour qu'on puisse en faire une énumération complète. Du moins doit-on faire observer qu'ils ne sont pas localisés sur un point spécial de l'île, mais disséminés indifféremment sur toute la surface. On a signalé des phonolithes à Diégo-Suarez ; une ligne continue de basaltes rejoint Bélálitra à Márovóay ; il en existe près d'Ankavandra ; au plateau Bara, la rivière Fiehérenana roule d'abondants cailloux de basaltes, et d'ailleurs aux sources de l'Isakondry, petit affluent de droite de l'Onilahy, j'ai vu une coulée assez étendue.

Laves. — A l'époque moderne a eu lieu une nouvelle poussée volcanique : les cônes de scories, que les intempéries n'ont pas eu le temps d'entraîner, se dressent encore avec leurs formes bien caractéristiques à l'ouest de l'Ankáratra et du lac Itasy, et dans notre colonie l'île de Nosy-Be.

Sources thermales. — Cette activité volcanique, aujourd'hui éteinte, ne se manifeste plus que par l'abondance des sources thermales dans le voisinage des anciens foyers d'éruption. Citons les sources de Ránomafána, sur la route de Tamatave à Tananarive, d'Antsirabe, sur la route de Tananarive à Fianarantsoa, de Mahatsinjo, à l'ouest du lac Itasy, de Ránomay sur la rive gauche de l'Onilahy, d'Isira, d'Ambólo, au nord de Fort-Dauphin.

En résumé, les terrains cristallophylliens à l'est, les terrains secondaires à l'ouest, les terrains éruptifs récents disséminés un peu partout, tels sont les principaux éléments constitutifs. Terrains primaires et tertiaires sont à peine représentés, quoiqu'il y ait, en l'état de nos connaissances, quelques réserves à faire en ce qui concerne ces derniers. Si au lieu de considérer la nature des roches composantes, on s'attache à déterminer leur allure, on est frappé de sa constance.

Stratification. — Dans les terrains métamorphiques les couches sont bouleversées, redressées perpendiculairement au plan du sol, ou repliées les unes sur les autres. Dans les terrains secondaires elles sont d'allures bien plus tranquilles; au point de contact avec les vieilles roches, seulement le redressement atteint 30 ou 35°, partout ailleurs il ne dépasse pas 15° en moyenne. Mais partout la direction du redressement est la même; les lignes de plissement oscillent autour de la direction nord-sud suivant laquelle l'île entière est allongée, c'est-à-dire que les mouvements orogéniques de pression latérale se sont exercés suivant la direction est-ouest.

MONTAGNES

Ce qui vient d'être dit à propos de la direction uniforme des couches de ces différents terrains rend compte de la direction tout aussi uniforme des accidents montagneux ; l'allongement nord-sud est la règle générale.

On sait quel service M. Grandidier a rendu à la géographie de Madagascar, en substituant pour la première fois, au tracé fantaisiste des chaînes sur les anciennes cartes, un dessin exact des grands linéaments du relief.

Il a reconnu l'existence d'un grand plateau, il serait plus juste de dire d'un grand massif central couvrant une superficie égale à plus de la moitié de l'île au-dessus de laquelle il culmine, dominant ce qui l'entoure.

L'épithète de central que nous venons de lui appliquer, n'est qu'approximativement exacte ; le rebord du massif est en effet beaucoup plus rapproché de la côte est que de la côte ouest. De Fort-Dauphin à Diego-Suarez, ce rebord, cette crête orientale, s'étend rectiligne à une distance maximum de la côte de 100 kilomètres à peine. A l'ouest les limites du plateau, sans être très irrégulières, sont plus compliquées. En partant du nord nous la trouvons à Befandriana, Mandritsára, Marotandráno, qui se trouvent tous les trois en bas au pied des premiers escarpements. A partir de Marotandráno la ligne-limite s'infléchit à angle droit et se dirige vers l'ouest-sud-ouest par Tsáratanana (voir itinéraire de M. d'Anthouard) et Maevatanána (ou

Suberbieville). Puis elle reprend la direction nord-sud, passe par Ankavandra, Manandaza(tous deux en bas et en dehors du massif); par Janjina (au sommet de la pente et au rebord extrême); entre Ihosy et Ranohira à mi-chemin; elle se continue en ligne droite dans la même direction jusqu'au sommet d'Analalaory qui ne se trouve encore sur aucune carte et qu'il faut placer à une vingtaine de kilomètres ouest vrai de Tamotamo (Cf. itinéraire de M. Catat). Análavóry est un piton qui fait partie du grand massif central et qui en est précisément l'angle sud-ouest au point où la ligne-limite court de nouveau est-ouest, passe par Tamo-tamo, garde la même direction pendant une cinquantaine de kilomètres encore, puis reprend pour ne plus la quitter jusqu'à la mer la direction nord-sud et suit à une certaine distance la rive gauche du Mándreré par Isira (voir itinéraire de M. Catat), Hélakélaka (voir carte de Flacourt, la seule encore où on trouve ce mot orthographié Elacelac).

Si le lecteur a suivi sur la carte, il doit se rendre compte de la forme du massif central. C'est un immense quadrilatère inscrit entre 16° et 24° 20' de latitude à peu près, c'est-à-dire que sa longueur est sensiblement de 800 kilomètres, tandis que sa largeur est en moyenne de 300; mais un quadrilatère prolongé au nord de 16° jusque dans le voisinage de Diego-Suarez, au sud de 24° jusqu'à Fort-Dauphin, par deux cornes, deux chaînes aussi élevées que le massif lui-même, mais dont la largeur ne dépasse pas quelques kilomètres. En d'autres termes, la grande chaîne qui borde la côte est, et qui au centre n'est que le rebord du haut massif, devient dans le nord et dans le sud une chaîne étroite et indépendante, à l'ouest de laquelle le sol s'abaisse tout de suite.

La hauteur du massif, dont on connaît maintenant les limites et l'étendue, sont très variables; en effet, si on lui a donné et si on lui donne encore quelquefois le nom de *plateau*, rien en réalité n'est moins plat et moins uni. — M. Grandidier l'appelle justement un chaos de montagnes. Ce chaos est loin d'être encore suffisamment débrouillé, et l'esquisse qu'on va essayer de faire du relief du plateau sera nécessairement incomplète.

Au centre du massif et de l'île se dresse la masse énorme de l'Ankáratra qui contient le piton le plus élevé de l'île, le Tjiáfajávona (tsy-áfaka-závona : jamais dégagé des nuages), 2 790.

Mais il ne faut pas oublier que l'Ankáratra est tout entier basaltique ou andésitique, depuis sa base, son socle gneissique, à 1 500 mètres plus bas. Il a été dressé par une série d'éruptions ultérieures à la constitution du massif, et si nous considérons celui-ci en lui-même, ce n'est pas à son centre qu'il faut chercher les points les plus élevés.

Le plateau a une pente descendante bien marquée d'est en ouest. Le rebord oriental a partout une altitude de 15 ou 1 600 mètres.

Certains points isolés sont plus élevés, comme l'Ivohibe au sud de Fianarantsoa.

A l'ouest, non seulement les sommets ne dépassent guère 1 200 mètres. Mais les fonds de vallée descendent jusqu'à 800 mètres — tandis qu'à l'est les fonds de vallée ont toujours de 1100 à 1200 mètres. D'un bord à l'autre du massif, dans le sens de la latitude, la dénivellation atteint donc une valeur de 400 mètres. C'est ce qu'on exprime lorsqu'on dit que la ligne de partage des eaux est reportée bien plus près de l'Océan indien.

Il résulte d'ailleurs des chiffres ci-dessus que, sur un point donné, la différence entre les sommets et les fonds de vallée n'est jamais considérable ; à part l'Ivohibe et l'Ankaratra, il n'existe pas de piton culminant d'où l'on domine un vaste panorama ; c'est un dédale infini de vallées séparées par des seuils de quelques centaines de mètres, un dessin compliqué dont on se fera une idée par une inspection atttentive de la carte du P. Roblet, résultat de vingt ans de travail et d'une triangulation soigneuse ; mais qui malheureusement n'a et ne peut avoir la prétention d'être exacte qu'en ce qui concerne l'Imerina et le Betsiléo, c'est-à-dire le voisinage de Tananarive et de Fianarantsoa — une partie encore bien restreinte du grand massif.

La complexité du relief cependant s'atténue beaucoup dans la partie ouest, plus spécialement dans le nord-ouest. Le voyageur, par exemple, qui va de Tananarive à Ankavandra, sort à une vingtaine de kilomètres ouest de l'Itasy, du « chaos de montagnes », et voit s'étendre devant lui, un peu en contre-bas, un véritable plateau à surface plane, que crèvent seulement par places les croupes, les dos d'âne allongés nord-sud de quelques montagnes isolées comme l'Ambohiby, le Bevato.

Il semble donc que la partie orientale soit non seulement plus élevée, mais aussi plus accidentée, plus violemment plissée que la partie occidentale.

En somme, surélévation et plissement plus marqué de la partie orientale ; absence, malgré la complexité du relief, de sommets très élevés relativement à leur base; tels sont les traits généraux qui caractérisent le massif central.

En dehors des limites du massif central le sol s'abaisse vers la mer de façon différente suivant qu'on considère la partie est, nord-ouest ou sud-ouest. Autrement dit, en dehors du plateau central on peut diviser Madagascar en trois parties au point de vue orographique.

Est. — A l'est on s'élève de la côte au sommet par un double gradin de pente rapide. Après avoir franchi le premier, par la route de Tamatave par exemple, on se trouve dans la vallée d'Ankay, qui se prolonge au nord jusqu'à la dépression allongée du lac Alaotra, qui au sud va rejoindre la vallée d'Ambolo dans le voisinage de Fort-Dauphin. C'est un immense couloir d'une étonnante continuité sur à peu près toute la longueur de la côte est. A l'ouest de cette longue vallée surplombe immédiatement le second gradin, le plus élevé, et quand on l'a franchi on est sur le grand plateau. Les pentes par lesquelles on franchit les deux gradins sont extrêmement rapides.

Nord-ouest. — L'ouest est tout différent. On dit parfois que la descente du haut plateau, abrupte à l'est, se fait progressivement en pente douce à l'ouest. C'est inexact; de quelque côté qu'on l'envisage le haut massif se termine par un abrupt de plusieurs centaines de mètres. De quelque côté qu'on tente à l'ouest l'ascension du plateau on passe à un moment donné, en quelques heures de grimpée, de 200 ou 500 mètres d'altitude à 1000, 1200, 1400 mètres. — C'est une règle générale qui ne comporte que deux exceptions. Entre Majunga et Tananarivo l'angle nord-ouest du plateau s'écrase, et une montée progressive conduit à l'Imerina. — Entre Ihosy et Tulléar le rebord du plateau conserve son altitude, mais les terrains voisins (Isalo) se haussent presque jusqu'à son niveau. — Malgré ces deux exceptions on peut dire que, en règle générale, le massif se termine à l'ouest comme à l'est par une ligne nette et par une pente abrupte.

La netteté est grande surtout d'Ankavandra à Malaimbandy. Sans interruption s'étend la haute muraille du Bongo-Lava, qui n'est à proprement parler pas une chaîne, mais simplement le rebord du grand plateau. (Voir dans l'itinéraire du Rév. Mac-Mahon, publié par l'*Antananarivo Annual*, la description du formidable défilé par lequel la route de l'Ankaratra au Betsiriry franchit le Bongo-Lava.) D'ailleurs, dans le nord de l'île, à Befandriana, à Marotandrano, à Tsáratanána, on retrouve le même mur à pic. On le retrouve encore dans le sud à Tamotamo, Isira, Helakelaka.

Qu'y a-t-il donc en dehors et en bas de ce massif si nettement marqué?

On a dit que l'ouest, ou du moins les terrains sédimentaires qui en constituent la majeure partie étaient d'altitude insignifiante. Il y a là une erreur qui provient de ce que le sud est resté jusqu'à ce jour presque inconnu. Si on trace une ligne parallèle à celles de la latitude, à mi-chemin à peu près entre le cours du Bas-Mangoky et la route de Malaimbandy-Mahabo, cette ligne sépare deux régions de relief absolument différent, le *sud-ouest* et le *nord-ouest*.

Au nord-ouest s'étend jusqu'à Nosy-Bé *la plaine Sakalava*. D'une altitude moyenne de 150 mètres dans l'intérieur, elle se relève au voisinage de la mer en chaînes rectilignes et étroites, qui lui font un bourrelet, une bordure occidentale remarquablement continue. La continuité, cependant, est plus grande au centre de l'île où le Tsiandava et le Bemaraha s'imbriquent en rempart uniforme jusqu'au cap Saint-André.

Plus au nord, la mer s'est rapprochée de la chaîne côtière et l'a trouée en deux endroits : à la baie de Bombetoke et au golfe de Mahajamba.

Mais les tronçons sont encore bien reconnaissables. Entre les deux grandes baies que nous venons de nommer, s'étend un plateau de 250 mètres. Au nord du golfe de Mahajamba se dressent les montagnes qui bordent la Sofia au nord, en particulier le Manásamódy.

Ainsi, une immense plaine allongée, bordée du côté de la mer par une série de hauteurs variant entre 250 et 500 mètres maximum, voilà le nord-ouest. Ajoutons qu'un chaînon basaltique (250 m.), le petit Bongo-Lava, la coupe en écharpe de Belálitra à Marovoay, et qu'à l'ouest immédiat de Befandriana se dressent des chicots isolés, avant-coureurs de la haute chaîne.

Sud-ouest. — Le sud-ouest tout entier, au contraire, mon récent voyage me permet de l'affirmer, est un plateau dont l'élévation s'accroît progressivement à mesure qu'on s'éloigne de la mer, mais qui atteint assez vite des altitudes de 5 à 600 mètres. Ce plateau constitue le pays des Baras, des Mahafaly, des Antandroy, et contraste nettement avec la plaine Sakalava qui le continue au nord.

Sur ce socle de 5 ou 600 mètres se dressent encore

des accidents montagneux, qui se divisent en trois groupes nettement distincts. Au nord du Mangoky se dresse un massif encore mal connu qui a été contourné au sud par M. Grandidier, visité dans sa partie ouest par le docteur Vœltzrow (voir *Gesellschaft für Erdkunde*, Berlin). Il atteint une altitude de 1 000 mètres. Signalons-y les sommets d'Ivohimalaza, de Piriake.

Au sud du Mangoky s'allonge l'Isalo, tout à fait distinct du précédent massif, et qui s'étend au sud jusqu'à l'Onilahy sans discontinuité. Sa hauteur, aux points les plus élevés, est de 1 200 mètres.

Enfin, au sud de l'île, toute la partie nord-est du pays Antandroy est couverte d'accidents basaltiques dont la hauteur est de 800 mètres. Au centre du système se dresse l'Ivohitsombé, un plateau à bords abrupts, à sommet plat, tabulaire et relativement étendu. Tout autour règne, avec une régularité quasi géométrique, une ligne ellipsoïdale, rompue au sud, de sommets aussi élevés que l'Ivohitsombé, dressant vers l'extérieur leurs hautes falaises de lave, et s'abaissant en pente douce vers l'intérieur. On dirait un énorme cratère ruiné, les culots solides d'un immense volcan dont le cône de scories aurait été lavé par l'érosion. Le dessin régulier de ses formes contraste avec les lignes irrégulières des collines gneissiques qui l'entourent et le flanquent, en particulier à l'ouest.

L'Ivohitsombé et les collines voisines donnent au pays Antandroy une physionomie particulière. Mais partout ailleurs, à l'ouest et au sud, chez les Mahafaly, chez les Bara, chez les Sakalaves, le paysage présente partout une analogie de lignes générales, qui s'explique tout naturellement par la nature du sol. Les terrains sédimentaires, en effet, n'ont pas été soumis à une pression aussi violente que les roches primitives du centre et de l'est; ils ont été soulevés sans doute mais non plissés, et ils ont conservé une certaine horizontalité. Les lignes droites dominent; les chaînes de montagnes de médiocre élévation elles-mêmes, le Tsiandava, le Bemaraha, ont un sommet plan et d'Ankavandra, par exemple, on voit le Bemaraha barrer tout un côté de l'horizon d'un trait rectiligne où rien ne dépasse. Ces chaînes, en effet, ne sont pas le résultat d'un plissement, mais d'une double faille avec rejet; elles se dressent à pic au-dessus des deux plaines qu'elles séparent; ce sont d'immenses tables indéfiniment allongées.

Dans l'Isálo même, bien plus élevé, les sommets restent plats en général; ou du moins ce sont des plans sans bosselure, quoique plus ou moins inclinés. Mais les failles se sont multipliées et sillonnent en tous sens le massif de couloirs profonds, encore creusés par les eaux, de véritables cañons étroits, à murailles de grès perpendiculaires, devenus légendaires parmi les Malgaches eux-mêmes, pourtant peu sensibles au pittoresque.

Cependant si les forces orogéniques ont exercé leur action d'une façon inégale sur l'est profondément plissé et sur l'ouest simplement soulevé, cette action, du moins, s'est exercée partout suivant une direction constante. Dans l'ouest aussi les chaînes sont allongées du nord au sud, l'Isálo, le Tsiandava, le Bemaraha: sur la prolongation de la ligne Tsiandava-Bemaraha nous trouvons même au plateau Bara une ligne de collines qui prennent sur les cartes le nom de Bemarána, qui au point où je les ai traversées s'appelaient Anála-mahavélona, et qui, peu marquées, il est vrai, s'allongent du nord au sud du Mangoky à l'Onilahy.

Un autre trait orographique sur lequel il nous reste à insister, est commun à toute l'île. Nous avons parlé du plateau Bara-Mahafaly-Antandroy. En réalité il y a deux plateaux Bara et un plateau Mahafaly-Antandroy séparés les uns des autres par les deux profondes coupures où coulent le Mangoky et l'Onilahy. La vallée du Mangoky est peu connue; on la sait seulement très basse. Quant à la vallée de l'Onilahy, elle se compose de deux cirques allongés communiquant l'un avec l'autre. Le plus oriental, à 200 kilomètres dans l'intérieur des terres, n'est qu'à 200 mètres d'altitude, entouré de toutes parts de murailles à pic, large d'une vingtaine de kilomètres et beaucoup plus long. Manifestement, l'Onilahy est incapable de s'être frayé seul un pareil chemin. Il faut faire intervenir l'hypothèse d'un effondrement. Il est probable que la vallée du Bas-Mangoky a été ouverte de la même façon. En tout cas le Haut-Mangoky, au sud de Midongy, coule certainement dans un cirque d'origine analogue; et on peut en dire autant de l'Ikiopa à Tananarive. Ces bassins d'effondrement, qui se retrouvent dans toute l'île, ont joué certainement un rôle important dans la fixation du régime fluvial.

FLEUVES

Les fleuves tributaires de l'Océan indien sont en général peu importants. Ils prennent leur source à une médiocre distance de la mer, et la rapidité de la pente, les empêchant d'être navigables, ajoute encore à leur insignifiance.

Tel est le Mananjary, par exemple, dont l'existence des vieux comptoirs européens à son embouchure a popularisé le nom.

Deux fleuves cependant atteignent une certaine étendue.

L'un est le Mangoro, qui pendant une centaine de kilomètres coule du nord au sud, dans l'étroite et longue vallée d'Ankay, parallèlement à la côte, avant de s'infléchir à angle droit vers la mer. Son important affluent, l'Onibe, vient de l'Ankaratra.

Le Mananara est au moins aussi important, formé par la réunion de trois grandes rivières, le Manarahaka, l'Ongaivo, et l'Itomampy, qui toutes les trois prennent leur source et coulent pendant longtemps sur le haut plateau.

Mais à part ces deux exceptions, dont la dernière est de beaucoup la plus importante, la crête orientale du Massif central, remarquablement continue, rejette invariablement sur son versant est les sources tributaires de l'Océan indien.

C'est donc à l'ouest qu'il faut chercher les grands fleuves.

Les trois plus grands sont incontestablement le Betsiboka, le Tsiribihina et le Mangoky.

Le Betsiboka et le Tsiribihina présentent d'assez grandes analogies. Tous deux prennent leur source à l'Ankaratra, et s'en éloignent en divergeant à angle droit; leur longueur, la superficie de leur bassin est sensiblement égale; tous deux, pendant la première moitié de leur cours, coulent sur le haut plateau et ils en sortent par des chutes pittoresques. A partir de là, tous deux coulent à travers la plaine Sakalava d'un cours lent, qu'aucune chute ne vient interrompre.

Le Betsiboka, dans cette dernière partie de son cours, a un débit très inégal. Pendant la saison des pluies son lit est assez profond pour permettre à une chaloupe à vapeur de faire le service entre Majunga et les mines aurifères de Maevatanána. Pendant la saison sèche le service ne se fait plus qu'entre Majunga et Marovoay; des bancs de sable émergent partout, recouverts aux heures chaudes d'innombrables crocodiles.

Le Bas-Tsiribihina est beaucoup moins connu; il m'a semblé cependant que son débit était plus régulier. En tous cas, au point où le Manía et le Mahajílo, les deux grandes rivières dont la réunion compose le Tsiribihina, débouchent dans la plaine Sakalava, elles traversent une région très particulière, le Betsiriry (Be, beaucoup, et tsiriry, sarcelles, oiseaux d'eau). Comme son nom l'indique, c'est une région marécageuse, lacustre, spongieuse, couverte de bambous et de plantes aquatiques. Il est naturel d'admettre que le Betsiriry régularise le débit du Tsiribihina, que le surplus des eaux s'y emmagasine pendant la saison des pluies, pour se retrouver pendant la saison sèche. Aussi le fleuve est utilisé par les embarcations arabes qui le remontent jusqu'à ses chutes, jusqu'au grand plateau.

Cependant la présence aux embouchures du Betsiboka d'une rade superbe et d'une ville importante, Majunga, l'existence le long des bords de postes hovas échelonnés qui assurent un peu de sécurité donnent à la navigation fluviale sur le Betsiboka une plus grande importance que sur le Tsiribihina.

Le Mangoky n'est pas moins considérable que le Tsiribihina ou le Betsiboka. Lui aussi prend sa source dans la grande chaîne orientale, au sud de Fianarantsoa. L'étendue de son bassin est très grande et son débit énorme. Mais dans la partie basse de son cours il coule au fond des gorges profondes qui coupent le plateau Bára, fréquemment interrompu par des rapides; les premiers apparaissent déjà à quelques kilomètres de la côte, au sud de Manja. Ses riverains, sauf dans le voisinage de ses embouchures, sont des Bara, un peuple d'agriculteurs et de pasteurs qui sait à peine tenir une rame. — Il est donc tout naturel que sur le Mangoky la navigation n'existe pas. C'est un fleuve mort.

Des fleuves de moindre importance, le Sofia, le Mahajamba, le Manambólo, l'Onilahy, sont des voies bien plus navigables. Tous prennent encore leur source dans le haut massif central, mais près de son rebord occidental. Ils ont par conséquent un débit médiocre. Cependant le Sofia est remonté par les pirogues jusqu'à Belálitra; dans le Mahajamba les grands boutres arabes viennent mouiller en face d'Antsijonitóndraka. Le Manambolo, quoique interrompu par des chutes au point où il perce le Bemaraha, est la grande route commerciale d'Ankavandra à la côte. Enfin l'Onilahy, entièrement en dehors de la zone d'influence arabe, est incessamment sillonné par les pirogues des Sakalava de Fihérénana.

Il ne reste plus à signaler que le menu fretin des petits fleuves qui appartiennent tout entiers à la plaine Sakalava ou au plateau Bára. De beaucoup d'entre eux on ne connaît que les embouchures, et le cours est tracé au hasard sur les cartes. Les plus connus sont les petits fleuves de l'extrême nord-ouest, le Morondava et le Mananarivo au Ménabé méridional, le Fihérénana dont l'embouchure est à Tulléar, le Mandraré chez les Antandroy. J'ai découvert les sources du Manambaho, au sud de Manerinerina (province de Mailaka), de l'Ilinta et du Menarandra, au sud de l'Onilahy chez les Antanosy émigrés (embouchures chez les Mahafaly). Tous ces petits fleuves, sauf le Mandraré ont un caractère commun, c'est qu'ils coulent dans des terrains calcaires; ils disparaissent parfois pour reparaître plus loin ; dans la saison sèche ils sont bus, absorbés par le sol extrêmement perméable, et ne sont plus quelquefois qu'un large lit de sable humide. Ces phénomènes s'exagèrent dans le sud, chez les Mahafaly en particulier où les grands vents de sud et de suroît dessèchent l'atmosphère et n'amènent jamais de pluies.

Tous les fleuves malgaches, à de rares exceptions près, ont ceci de commun, qu'ils ont eu le temps de colmater et de combler avec leurs alluvions les anciennes cuvettes lacustres où ils ont dû s'étaler jadis. La grande plaine de Betsimitatatra, que domine Tananarive, a été certainement un lac, et aujourd'hui encore l'Ikiopa, à la saison des pluies, l'inonderait tout entière si son cours n'était endigué artificiellement.

Les lacs existant eux-mêmes se comblent et diminuent manifestement tous les jours. Le plus grand est le lac Alaotra. Le Rév. Baron (v. *Antananarivo Annual*) a démontré qu'il avait été, à une époque récente encore, deux fois plus étendu, jusqu'au moment où ses eaux se sont frayé un chemin à l'est à travers les montagnes.

Le lac Itasy, qui doit son existence à un barrage naturel dressé par des éruptions volcaniques récentes, n'a nulle part plus de 5 à 6 mètres de profondeur; les plantes aquatiques qui partout en tapissent le fond haussent l'extrémité de leurs tiges jusqu'à la surface des eaux : c'est déjà plutôt un marais qu'un lac.

Signalons cependant le lac de Tritriva, dans un cratère au sud-ouest de l'Ankaratra, très exigu, très profond et très pittoresque.

Les lacs Kilony, Fatoma, dans l'Ambondro à l'ouest de Majunga, le lac Andranomena au Ménabé indépendant, sont encore bien inconnus.

Quant aux grandes lagunes saumâtres des côtes méridionales et occidentales elles ont un caractère tout maritime, et c'est à propos des côtes qu'il convient d'en parler.

COTES

Les côtes malgaches ont un développement total de 4 000 kilomètres. Le chiffre est faible et suffit à indiquer que les côtes en général ne sont pas très découpées.

On peut les diviser en cinq parties bien distinctes.

1° La côte est tout entière, de Fort-Dauphin au sud de Diego-Suarez, a une individualité très marquée, qu'elle doit au régime des vents et courants. Le grand courant équatorial empêche les sables apportés par les rivières d'aller se déposer au large et les étale le long de la côte en bancs de sable allongés et rectilignes qui, petit à petit, se réunissent à la côte, isolant de la mer un chapelet de lagunes. Au centre, en particulier de Tamatave à Andivorante, ce chapelet de lagunes est presque continu, et il serait aisé d'en faire une voie navigable. (Voir à ce sujet l'article de M. Grandidier dans le *Bulletin de la Société de Géographie.*) Au centre en effet les dépôts sablonneux sont fort étendus, séparant les montagnes et la mer par des plaines de 10, 15, 20 kilomètres.

Au sud, c'est dans le voisinage de Fort-Dauphin seulement que la mer s'approche des montagnes à n'en être séparée que par quelques dunes.

Au nord, il est vrai, à partir de la grande baie d'Antongil jusqu'au voisinage de Diego, c'est-à-dire sur une étendue déjà notable, les sables et les alluvions n'ont plus dans la constitution de la côte l'importance qu'ils prennent plus au sud.

Aussi n'y a-t-il pas de bons ports. Celui de Tamatave n'est protégé que par un récif de corail, et l'abri qu'offre l'île de Sainte-Marie est lui-même insuffisant, puisqu'il n'a [pas protégé le *La Bourdonnais* contre le cyclone de février 1893.

2º Dans le nord de Madagascar les éruptions volcaniques ont hérissé la côte de promontoires et d'îlots à l'abri desquels s'étendent de vastes baies. Celles de Diego-Suarez et de Nosy-Bé sont les plus connues ; la dernière est beaucoup plus ouverte ; mais la force des courants rend très difficile pour beaucoup de navires l'accès du goulet de Diego.

3º De Nosy-Bé au cap Saint-André, la côte change d'aspect, perpétuellement bordée de falaises calcaires. Ces falaises sont le rebord occidental des chaînettes calcaires qui bordent la plaine Sakalava.

L'action combinée de la mer et des fleuves a crevé par places ces petites chaînes, et de larges baies s'étendent très loin dans l'intérieur des terres : Port-Radama, la baie de Maeva-Rano, celle de Narendry, du Mahajamba, de Bombetoke, de Marambitsy, de Baly. L'érosion qui a creusé ces baies se continue sous nos yeux ; chaque grande marée emporte un morceau de Majunga ; la côte est en voie d'immersion. C'est la partie de la côte malgache qui est appelée vraisemblablement au plus grand avenir commercial.

4° Au sud du cap Saint-André, jusqu'à l'embouchure du Mangoky, la côte redevient sablonneuse ; les embouchures de fleuves sont rendues difficilement praticables par de terribles barres. Pas de bons ports, quoique Maintirano et Morondava soient le centre d'une certaine activité commerciale.

5° Au sud du Mangoky jusqu'à Fort-Dauphin, on entre dans le domaine propre des récifs de coraux. Il y a des coraux à la côte est, mais le grand nombre des embouchures fluviales est un obstacle à leur développement dans le voisinage immédiat de la côte, car l'eau douce les tue. A la côte nord-ouest, les coraux ne se développent aussi qu'au large, émergeant parfois sous forme d'îlots. Peut-être le ressac est-il trop faible à la côte dans ce canal de Mozambique aux eaux paisibles ; car les coraux aiment l'agitation des vagues.

Dans le sud, en tous cas, ils ont évidemment trouvé réunies toutes les conditions nécessaires à leur développement, Partout ils envahissent, empâtent la côte, qui, au lieu de reculer comme à Majunga, empiète sur la mer. Il est clair que les grandes lagunes d'Heotry, de Tsimananpetsotra ont été isolées, séparées de la mer par les coraux.

Une seule baie, celle de Saint-Augustin. Tandis que le Fihérénana tout à côté, le Mangoky, le Tsiribihina, tous les fleuves enfin de la côte ouest, se terminent par des deltas limoneux couverts de palétuviers, la rivière de Saint-Augustin ou Onilahy, a seule un estuaire. Elle le doit sans doute à la force des marées et des courants poussés par les grands vents du sud, qui déblaient l'embouchure et rejettent les alluvions au nord. Depuis longtemps abandonnée par les baleiniers américains qui ont fait jadis sa prospérité, la baie de Saint-Augustin a retrouvé un peu d'activité depuis que le petit bateau des Messageries maritimes touche à l'îlot de Nosy-Ve.

FLORE ET CULTURES

Il nous reste à parler des produits de Madagascar.

L'île est entourée tout entière d'une ceinture de forêts qui prennent un aspect différent à l'est, à l'ouest et au sud.

A l'est s'étend la vraie forêt tropicale, au sol humide, marécageux, aux espèces géantes.

A l'ouest c'est un bois taillis, buissonneux, aux feuilles caduques pendant la saison sèche.

Dans le sud, entre Fort-Dauphin et l'Onilahy, la forêt est un fouillis de plantes épineuses.

Les espèces exploitées sont l'ébène, le santal, le gommier copal (qui fournit la gomme sandarosy et ne se trouve que dans le nord), le rafia, mais surtout les espèces qui donnent le caoutchouc et dont on connaît quatre : la grande liane qui a été exploitée la première et est à peu près détruite; une autre plus petite qui s'appelle lombíry; un grand figuier exploité surtout dans le voisinage de Mananjary; enfin une euphorbiacée qui ne se trouve que dans les forêts épineuses du sud. Tout porte à croire qu'il en existe d'autres.

Après avoir traversé la zone de forêts on arrive, mais dans l'ouest seulement, à une savane où se dressent, çà et là, quelques arbres appartenant à deux espèces seulement. Ce sont des lataniers (sátrana, mokóty) et des arbres de cythère (sakoa).

Enfin, lorsqu'on arrive sur les hauts plateaux, on ne trouve plus qu'une maigre végétation herbeuse poussant dans une argile rougeâtre.

On a très mal auguré de cette argile rouge, au point de vue de son utilisation agricole. Il semble certain qu'elle exigera des fumures.

Les fonds de vallée où se sont accumulées les alluvions sont en tout cas d'une fertilité évidente : on peut en dire autant des terrains dus à la décomposition des basaltes et des laves; par exemple, le beau plateau de terre noire qu'on traverse en allant de Tananarive à Antsirabe.

Les indigènes cultivent partout le manioc et la patate; presque partout, sauf dans l'extrême sud, le riz, la canne à sucre, le maïs; sur certains points, à Saint-Augustin et dans le sud-ouest, les pois du Cap. Les arbres fruitiers européens poussent à Tananarive. On a essayé de la culture du café (à Ivato en particulier), et sur ce point spécial avec succès. Le cacaoyer a été importé à la côte est. Un beau jardin d'essai a été créé à Fort-Dauphin par M. Marchal. Mais en général, à cause de l'état politique du pays, l'agriculteur européen ou créole n'a pas pu travailler avec méthode et suite.

FAUNE

La faune de Madagascar est très particulière; beaucoup d'espèces sont spéciales à l'île et ne se retrouvent dans aucun des grands continents. Tels sont les lémuriens ou maques, les grandes chauves-souris ou fanihys, les tandrakas; les sangliers très nombreux ont une physionomie spéciale. Les ossements des espèces éteintes présentent encore un grand intérêt scientifique. Si l'hippopotame fossile est bien connu aujourd'hui, il n'en est pas de même de l'Æpiornis et du mullerornis, ou du grand lémurien fossile dont quelques ossements ont été récemment découverts.

Le gibier, pintades, perdrix, ibis de forêt (akoholáhinála) est peu abondant. Beaucoup d'oiseaux d'eau cependant.

Les grands fauves n'existent pas. Le seul carnassier d'une certaine taille est le fósa, aussi grand qu'un renard. Le seul animal redoutable pour l'homme est le crocodile, très abondant il est vrai. Car il n'existe pas de serpents venimeux, et le boa malgache n'atteint pas les dimensions formidables de son congénère africain.

Les animaux domestiques sont le bœuf à bosse, qui se trouve aussi à l'état sauvage, le poulet, le porc (chez les Hovas et dans certaines tribus seulement), le mouton (seulement dans le sud). Il existe encore très peu de chevaux, de mulets et d'ânes.

MINÉRAUX

Madagascar est riche en minéraux. Le plus important de tous, la houille, semble malheureusement absent. Le terrain houiller d'Ambavatoby semble en contenir trop peu pour qu'elle soit exploitable (voir un article de MM. Guinard et Rigaud dans le *Bulletin des mines de Saint-Étienne*). Aux sources du Manambaho près d'Ankavandra, j'ai vu des sources de bitume qui pourraient laisser croire qu'il existe du pétrole dans la région. L'or semble abondant. Il est d'ores et déjà exploité à Maevatanána, à Mandritsara, à l'ouest de l'Itasy, dans tout le Betsileo.

Le cuivre a été exploité quelque temps à Ambatofangahena (ouest d'Ambositra), il en existe des gisements à l'ouest de Majunga.

Le fer est partout.

TABLEAU SYNOPTIQUE

OROGRAPHIE

1. **Grand massif central.** — Son rebord Est de 1 500 mètres plus élevé que son rebord ouest (Bongolava) 1 200. A son centre, le massif basaltique de l'Ankaratra, 2 790 mètres.
2. **La côte est**, resserrée entre le massif central et la mer. Chute rapide en double gradin ; grande vallée longitudinale : de l'Alaotra, du Mangoro.
3. **Côte nord-ouest**, plaine Sakalava, 100 mètres d'altitude ; sur son bord ouest plateaux allongés du Tsiandava, Bemaraha, Manasamody, 3 à 400 mètres.
4. **Plateaux du sud**, 500 mètres d'altitude moyenne, servant de socle à l'Isalo (gréseux 1 200 mètres), à l'Ivohitsombé (basaltique 800 mètres).

HYDROGRAPHIE

Fleuves de la côte est.

Mangoro, Mananara.	} les deux plus grands
Mananjary,	

Fleuves de la côte ouest.

Betsiboka, Tsiribihina, Mangoky,	} les trois plus grands
Sofia, Mahajamba, Manambolo, Mandrare,	} moyens
Morondava, Manombo. Fiherenana, Ilinta, Mandrare,	} petits

Lacs.

Alaotra.
Itasy.
Kilony.

Fatoma
Andranomena

COTES

CINQ DIVISIONS

1. De **Fort-Dauphin** à **Diego** : côtes sablonneuses, lagunes (Fort-Dauphin, Mananjary, Tamatave, Sainte-Marie, baie d'Antongil).
2. De **Diego** à **Nosy-Bé** : promontoires et îlots volcaniques.
3. De **Nosy-Bé** au cap **Saint-André** : falaises calcaires, côte très découpée (baies de Radama, Maevarano, Narindry, Mahajamba, Bombetoke, Marambitsy, Baly), la mer gagne sur la côte.
4. De **Saint-André** à l'embouchure du **Mangoky** : sables, dunes (Maintirano, Morondava).
5. Du **Mangoky** à **Fort-Dauphin**, côte empâtée de récifs coralligènes ; gagne sur la mer (estuaire de l'Onylahy, Saint-Augustin et île de Nosy-Vé).

FLORE

TROIS DIVISIONS

La **forêt** en ceinture de l'île :
 A. Forêt tropicale de l'Est (Fort-Dauphin à Nosy-Bé).
 B. Petits bois d'espèces à feuilles caduques, côte Ouest (de Nosy-Bé à Nosy-Vé).
 C. Forêt d'arbres épineux (de Nosy-Vé à Fort-Dauphin).

La **savane** à lataniers et arbres de Cythère intermédiaire entre la forêt et le haut massif, mais à l'ouest de l'île seulement.

L'**argile rouge** et nue des hauts plateaux.

ÉMILE GAUTIER
Chargé de mission
par le Ministère de l'Instruction publique
à Madagascar.

PRÉCIS HISTORIQUE

Il ne peut être question — dans ce manuel éminemment pratique, d'écrire — une histoire proprement dite de Madagascar, et de ses relations avec l'Europe, — en particulier avec la France.

Ce qu'il faut, c'est une sorte de *memento*, permettant de retrouver rapidement les faits, avec leurs dates, et avec l'indication exacte des sources authentiques auxquelles on peut se reporter pour avoir de plus amples détails.

Ce caractère même exige, dans ces brèves indications, la plus stricte exactitude, et c'est à cela surtout que l'auteur s'est attaché, en ne consultant, pour le contrôle des faits et des dates, que des documents originaux.

Ce long et minutieux collationnement assure à ces données historiques une valeur rigoureuse, et, par cela même, une réelle utilité, dans toutes les questions relatives à Madagascar.

I

Origine des populations de Madagascar : migrations d'Africains, d'Arabes, de Chinois, de Malais.

Rien n'indique qu'il ait jamais existé à Madagascar une race primitive *aborigène*. Les types indigènes actuels se rattachent *tous*, plus ou moins étroitement, à des races venues de l'extérieur.

Il est permis de supposer que les premières migrations provinrent de la terre la plus voisine, qui est la côte orientale d'Afrique; puis, ont dû aborder successivement à Madagascar les navires de commerce des divers pays qui entraient en relation avec cette côte.

On a cru que Madagascar avait été connue des anciens, et on l'a identifiée hypothétiquement avec la *Cerne* de Pline (livre VI, chap. XXXI) et de Denys le Périégète (vers 219), — la *Menuthias* de Ptolémée (livre IV, chap. IX), et la *Sarandib* des Perses.

Ce qui paraît plus certain, c'est que dès le VIIe siècle, les Arabes, qui faisaient un grand commerce sur la côte orientale d'Afrique et dans les îles voisines, eurent des établissements fixes aux Comores et sur la côte nord-ouest de Madagascar. (Ouvrages géographiques des Arabes. — D'Herbelot, *Bibliothèque orientale*.)

Il est douteux que les Chinois dont parle Edrisi (XIIe siècle) aient abordé à Madagascar. Quant au récit de Marco Polo (XIIIe siècle), il s'applique non pas à l'île, mais à Magdocho, sur la côte d'Afrique.

Les travaux les plus récents ont établi que le fond de la population de l'île était constitué par des Indonésiens de race noire. L'immigration malaise ne se produisit que plus tard.

II.

Les Portugais à Madagascar.

Quoique Vasco de Gama eût doublé le cap de Bonne-Espérance, dès 1497, ni lui, ni les navigateurs qui le suivirent, attirés par le mirage de l'Inde, ne songèrent tout d'abord aux terres de la côte orientale d'Afrique, et passèrent à proximité de Madagascar, sans soupçonner son existence.

C'est par accident, — poussés hors de la route de l'Inde par un cyclone, — que des navires portugais aperçurent les côtes de l'île de Madagascar, le 10 août 1500, jour de la fête de saint Laurent. Est-ce en l'honneur de ce saint, ou en celui de Lorenzo Almeida, premier vice-roi des Indes, que les Portugais donnèrent à cette île le nom de *Saint-Laurent?* C'est ce qu'il ne m'a pas été possible de vérifier avec certitude.

Ce qui est certain, c'est que Tristan d'Acunha, avisé de la fertilité de cette île, en explora la côte occidentale, et en fit au roi Emmanuel de Portugal une description qui détermina ce dernier à y établir des comptoirs.

Mais les Portugais se livrant, soit pour se procurer des esclaves, soit par prosélytisme religieux, à des violences révoltantes, les indigènes les massacrèrent jusqu'au dernier, ce qui mit fin, pendant plus d'un siècle, à toute nouvelle tentative officielle de colonisation de la part d'une puissance européenne.

III

Les Français à Madagascar. — La Compagnie de l'Orient.

Dès la fin du XVIe siècle, plusieurs navigateurs français firent des voyages isolés à Madagascar et lui donnèrent le nom d'*île Dauphine*.

En 1637, le capitaine marin Rigault, du port de Dieppe, constitua, sous le nom de *Compagnie de l'Orient*, une société pour l'exploitation coloniale et commerciale de l'île Dauphine, et demanda la concession de cette dernière à Richelieu.

Celui-ci, déjà éclairé sur la valeur de l'île Dauphine par les rapports de capitaines malouins qui avaient atterri dans la baie de Saint-Augustin, au sud-ouest de l'île, — n'hésita pas à faire signer par Louis XIII, le 28 juin 1642, des lettres patentes, concédant à la *Compagnie de l'Orient*, pour une durée de dix ans, le privilège exclusif de coloniser et de commercer dans l'île Dauphine et les îles adjacentes, à la seule charge d'en prendre possession au nom du roi.

Ces lettres patentes furent confirmées par Louis XIV, le 30 septembre 1643.

Dès le mois de mars 1642, la *Compagnie de l'Orient* avait envoyé à Madagascar deux commis, Pronis et Fauquembourg, et douze Français, pour y installer un premier comptoir.

Pronis s'établit au sud-est de l'île, dans la baie de

Sainte-Luce, où fut posée une pierre de possession au nom du roi de France (MORISOT, *Relation du voyage fait à Madagascar, îles adjacentes et côtes d'Afrique*, par F. CAUCHE, de Rouen, 1651.)

Le 1er mai 1643, arriva à Sainte-Luce un renfort de 70 hommes. Mais la mauvaise saison et un climat malsain en firent périr un tiers. D'autres furent massacrés par les indigènes, à l'instigation des traitants arabes, qui redoutaient de voir le commerce de ces régions passer entre les mains des Européens.

Pronis chercha en conséquence un établissement plus favorablement situé, et choisit, au sud de Sainte-Luce, la presqu'île de Tholangar, où il construisit le Fort-Dauphin.

Cet établissement aurait pu prospérer, si la discorde n'y avait éclaté. Pronis, qui avait épousé une femme indigène, fut accusé d'entretenir sa nouvelle famille avec les ressources de la colonie.

Ce grief, et d'autres encore, provoquèrent une révolte, le 15 février 1646. Pronis fut mis aux fers, et y resta six mois. Délivré par l'arrivée de 43 nouveaux colons, il fit déporter douze révoltés à la grande Mascareigne. Vingt-deux autres colons se rendirent à la baie de Saint-Augustin, dans l'espoir d'y trouver un navire anglais qui les rapatrierait.

Pronis, qui jusqu'alors avait entretenu avec les indigènes des relations assez cordiales, commit l'imprudence (qui avait été fatale aux Portugais) de capturer violemment 73 Malgaches, pour les vendre comme esclaves.

Les indigènes firent le vide autour de la colonie, cessèrent de la ravitailler, et la disette se faisant sentir, il fallut recourir, à tout instant, à des expéditions armées, à de véritables razzias, pour se procurer des vivres.

La *Compagnie de l'Orient*, instruite de ce qui se passait dans la colonie, y envoya Étienne de Flacourt, un des associés, pour y remplir, par ordre du roi de France, les fonctions de commandant général de l'île de Madagascar.

Il a fait lui-même le récit de sa gestion dans son *Histoire de la grande isle de Madagascar* (1658).

Arrivé à Fort-Dauphin, avec deux pères lazaristes et 80 passagers, le 6 décembre 1648, son premier soin fut d'apaiser les esprits. Il rappela les déserteurs de la baie Saint-Augustin, et les déportés de la grande Mascareigne. Sur le récit qui lui fut fait des ressources que présentait cette dernière île, Flacourt la déclara possession du roi de France, et lui donna le nom d'*île Bourbon*.

Malheureusement, pour se procurer le bétail nécessaire au ravitaillement de la colonie, il continua à faire des expéditions armées, brûlant les villages et massacrant les indigènes. Il obtint ainsi la soumission apparente de tout le sud de Madagascar, et y établit la domination du roi de France par une pierre commémorative élevée en 1653.

Sur ces entrefaites, le duc de la Meilleraye ayant obtenu la direction générale de la Compagnie, envoya à Madagascar deux navires, qui mouillèrent à Fort-Dauphin en août 1654.

Flacourt rentra en France, et le commandement de la colonie passa à Pronis, qui mourut peu après, puis à Des Perriers et à Laroche.

La *Compagnie de l'Orient* se traîna péniblement jusqu'au 12 octobre 1656, date de la constitution d'une nouvelle société, sous le nom de *Compagnie Rigault*.

Cette nouvelle compagnie marcha lourdement pendant dix années, sous la direction du duc de la Meilleraye, et elle envoya à Madagascar de nouveaux hommes, sous les ordres de M. de Champmargou, qui administra de 1660 à 1665. Mais le ravitaillement à main armée, qui fut toujours employé, et un prosélytisme religieux peu goûté, perpétuèrent l'état de guerre. (L'abbé Rochon, *Voyage à Madagascar et aux Indes orientales*, 1791.)

IV

La Compagnie des Indes orientales. — Réunion de Madagascar à la couronne.

Le duc de la Meilleraye étant mort, en 1664, son fils, le duc de Mazarin, céda au roi la concession de Madagascar. C'est M. Pauliat (*Madagascar*, 1884) qui a le mieux raconté comment, à cette occasion, Colbert créa la grande *Compagnie des Indes orientales*, au capital énorme, pour l'époque, de 15 millions de francs.

M. de Champmargou remit l'île de Madagascar entre les mains de M. Souchu de Rennefort, porteur des ordres de Sa Majesté, et auteur de la *Relation du premier voyage de la Compagnie des Indes-Orientales en l'isle de Madagascar ou Dauphine* (1668), où nous voyons les dissentiments et les gaspillages ruiner peu à peu la Compagnie. Malgré un secours de deux millions que celle-ci reçut du roi en 1668, elle dut abandonner son privilège.

Madagascar retombant, par cela même, dans le domaine de la Couronne, l'amiral de la Haye, nommé vice-roi de l'île, arriva à Fort-Dauphin, avec neuf vaisseaux et 2050 hommes, le 23 novembre 1678. Mais, ayant bataillé imprudemment contre les indigènes, il fut battu, et quitta l'île le 11 août 1671, se dirigeant vers les Indes et emmenant avec lui presque tous les hommes valides (*Journal* de la Haye).

Alors les indigènes, profitant du petit nombre et de la faiblesse des Français, les massacrèrent presque tous, dans la nuit de Noël 1672, et détruisirent Fort-Dauphin. Quelques rares survivants gagnèrent Bourbon, où ils formèrent le premier noyau de la colonisation française dans cette île.

« Si l'on considère, dit M. Pauliat, de 1642 à 1672, les causes des échecs de la colonisation française à Madagascar, sans s'arrêter à l'incurie qui fit presque toujours correspondre l'arrivée des envois de la métropole avec la saison des fièvres, on voit qu'il les faut toutes attribuer aux mauvais choix des gouverneurs. »

Louis XIV, malgré ces échecs répétés, réunit définitivement et solennellement Madagascar au domaine de la Couronnne, par un arrêt du conseil du 4 juin 1686.

V

Les droits de la France sur Madagascar de 1686 à 1819. — L'Expédition de Bényowski

Louis XV consacra à nouveau les droits de la France par des édits, en mai 1719, juillet 1720, juin 1721, et 1725.

En 1733, l'ingénieur de Cossigny fut envoyé dans la baie d'Antongil avec trois vaisseaux pour y étudier les conditions de création d'un établissement.

En 1745-1746, Mahé de la Bourdonnais, gouverneur de l'île de France, communiqua à la métropole un rapport sur les ressources de cette baie, où il répara son escadre en se rendant dans l'Inde pour renforcer Dupleix.

En 1750, Beti, reine de l'île de Sainte-Marie et de Foulpointe, ayant épousé Labigorne, caporal à la Compagnie des Indes, fit don aux Français de cette île et d'une partie de la côte orientale, et la Compagnie des Indes y établit un directeur.

De 1750 à 1767 (malgré les ordonnances publiées par le gouverneur de l'île de France, en 1758 et en 1767, réservant expressément le droit du roi au privilège exclusif du commerce sur toutes les côtes de la grande île), — le commerce français se fit librement sur presque toute la côte est.

Le compte de Maudave, propriétaire de l'île de France, alla à Fort-Dauphin pour le restaurer, le 5 novembre 1768, avec le titre de « commandant pour le roi dans l'île de Madagascar ». Mais, par suite de l'hostilité du gouverneur de l'île de France (hostilité jalouse *qui n'a jamais cessé depuis*, ni à la Réunion, ni à Maurice, et qui est une des causes principales de tous les événements néfastes qui ont eu lieu à Madagascar), — le comte de Maudave, laissé sans secours, dut abandonner la colonie deux ans après son arrivée (Charpentier de Cossigny).

Ici se place le brillant épisode de l'expédition du comte Benyowski.

Hongrois d'origine, impliqué en 1771 dans une

conspiration contre l'impératrice Catherine II, déporté au Kamtchatka, — Benyowski s'évada et vint en France sur un navire de la Compagnie française des Indes, après avoir touché à Fort-Dauphin, où il se rendit compte du parti que l'on pourrait tirer de cette colonie.

Le duc de Choiseul apprécia le mérite de cet audacieux étranger et le chargea d'établir un nouvel établissement français dans la baie d'Antongil, où Benyowski, malgré l'hostilité permanente des administrateurs de l'île de France, aborda le 14 février 1774.

Il fonde la ville de Louisbourg; se fait parmi les indigènes des alliés qui combattent pour lui, et, en trente-deux mois de séjour, exécute de telles choses, construction de route, etc. que « cent ans après, en 1863, les agents de la *Compagnie de Madagascar*, en exploration dans les forêts de cette partie de l'île, étaient tout émerveillés d'en trouver encore les traces ».

Malgré les gaspillages *voulus* des agents comptables imposés par l'île de France, — à la fin de 1775, les affaires se soldaient par un bénéfice de 340 000 livres.

L'année suivante, nouveau bénéfice de plus de 450 000 livres, sans compter les marchandises en magasin.

Il n'y eut pas véritablement, entre le grand nombre de peuplades de races différentes de Madagascar, de confédération proprement dite, ni peut-être une tribu ayant sur les autres une suprématie fondée sur la force, ou un chef portant le titre de chef suprême.

D'un commun accord, un certain nombre d'indigènes offrirent ce titre à Benyowski, qui, l'ayant accepté, donna sa démission de « gouverneur, pour le roi de

France, des établissements de la baie d'Antongil », et remit ses pouvoirs entre les mains de MM. Chevreau et Bellecombe, envoyés du gouverneur de l'île de France, le 10 octobre 1776.

Dans une réunion générale du peuple, Benyowski établit une constitution malgache, et s'embarqua pour l'Europe, le 10 décembre 1776, pour contracter une alliance avec la France.

Le moment était mal choisi. Ses propositions furent repoussées d'abord par la France, puis par l'Autriche et par l'Angleterre.

Franklin, alors à Paris, lui conseilla de s'adresser à la république des États-Unis. Une maison de Baltimore lui fournit, en effet, des marchandises et un navire. Il débarqua, le 7 juillet 1785, dans la baie de Passandava, au nord-ouest de l'île de Madagascar, et se rendit, par terre, à la baie d'Antongil.

Malgré neuf années d'absence, il fut reçu, par les indigènes, comme le seul monarque de l'île.

La haine des gouverneurs de l'île de France se réveilla aussitôt. Le 23 mai 1786, 60 hommes et deux pièces de canon étaient débarqués dans la baie d'Antongil, et massacraient Benyowski et ses compagnons, dans le réduit où ils s'étaient réfugiés.

Ce déplorable événement mit fin aux tentatives de colonisation à Madagascar. Les îles de France et de Bourbon, dont les créoles, race rebelle à tout travail, étaient incapables de se nourrir eux-mêmes, n'y conservèrent que les établissements nécessaires à leur approvisionnement.

Mais la France ne renonçait nullement à ses droits.

De 1791 à 1796, Daniel Lescallier (à son retour

membre de l'Institut), étudia Madagascar, avec le titre de commissaire civil de l'île.

En 1801, Bory de Saint-Vincent y fut envoyé en mission, et vit dans Madagascar une des plus solides positions de la France dans la mer des Indes.

En 1804, les comptoirs et plantations des habitants des îles de France et de Bourbon à Madagascar, furent érigés en sous-gouvernement dépendant de ces îles, avec Tamatave comme chef-lieu, et Sylvain Roux comme agent général.

Les Anglais ayant pris l'île de France, le 3 décembre 1810, occupèrent également Tamatave, le 18 février 1811.

Le traité du 30 mai 1814 rendit à la France ses anciens droits sur Madagascar. Toutefois, à la suite de certaines contestations diplomatiques avec l'Angleterre, qui, considérant Madagascar comme une *dépendance* (!) de Maurice, ne voulait pas lâcher cette belle proie, ce fut seulement le 15 octobre 1818, qu'une commission française reprit possession de Sainte-Marie, et quelques jours après de Tamatave. Fort-Dauphin, en ruine, fut relevé et occupé de nouveau, ainsi que Saint-Luce, le 1ᵉʳ août 1819.

VI

Intrigues anglaises. — Formation de la monarchie des Hovas.

Les Anglais, qui, malgré leurs atermoiements diplomatiques, avaient dû, suivant dépêche du 18 octobre 1816, rétrocéder Madagascar à la France, ne s'en sont jamais consolés. Dès le commencement de ce siècle, et constamment depuis lors, ils ont cherché à reprendre, par les intrigues les plus déloyales, ce que les traités les avaient forcés d'abandonner.

A cette époque, les Sakalaves avaient, dit-on, une certaine suprématie sur les peuplades de l'île.

Les Andrianas, au contraire, de race malaise, les derniers arrivés, étaient méprisés et considérés comme impurs.

A la fin du siècle dernier, Adrianampoinimerina se mit à leur tête et les prépara, non seulement à secouer le joug, mais à dominer les autres races.

Toutefois, en 1810, lorsqu'il mourut, l'autorité de son fils Radama ne dépassait pas encore le district d'Imerina (Émyrne), situé sur le plateau intérieur, autour de Tananarive, et le Betsiléo. *C'était à peine la quarantième partie de l'île!*

Sir Robert Farquhar, gouverneur de l'île Maurice, eut la divination des destinées qui attendaient l'énergique race hova. Il envoya, à Tananarive, le capitaine Lesage, qui reconnut Radama comme « roi de Madagascar et de ses dépendances », et signa avec lui, le 17 octobre 1817, un traité installant à la cour d'Emyrne un résident anglais chargé de fournir aux Hovas des instructeurs militaires, des armes et des munitions.

La même année, le gouvernement français ayant envoyé à Madagascar M. Forestier pour y étudier la création d'un port de relâche et de ravitaillement, le ministère anglais envoya Hastie « agent général de Sa Majesté Britannique à Madagascar » pour s'opposer, *sous le couvert des Hovas*, à tout ce que la France voudrait entreprendre.

Pour arriver à ses fins, Hastie modifia le régime politique des Hovas, et enleva aux *kabars* (réunions populaires) leurs pouvoirs consultatifs et délibératifs, au profit de Radama, fidèle serviteur des Anglais. Il créa le service obligatoire, la hiérarchie des « Honneurs », une discipline et des exercices militaires.

Pendant ce temps, des missionnaires britanniques s'emparaient des écoles.

La reprise de possession *effective* de Sainte-Marie et de Fort-Dauphin par la France eut lieu en janvier 1822.

Aussitôt, l'armée hova, commandée par Hastie et par plusieurs officiers anglais, s'empara de Foulpointe, et, le 31 mai 1823, un traité accorda aux navires de Sa Majesté Britannique la police de toutes les côtes de Madagascar.

Au mois de juillet suivant, Radama, bien pourvu de canons et de fusils par le gouverneur de Maurice, occupa Pointe-à-Larrée, Fandraraza et Tintingue, dont les chefs s'étaient mis sous notre protectorat.

Le 14 mars 1825, Fort-Dauphin lui-même fut pris d'assaut par quatre mille Hovas, notre pavillon foulé aux pieds et remplacé par celui de Radama, l'officier et les cinq hommes qui le gardaient faits prisonniers.

Le 18 juin suivant, un décret de Radama accorda au commerce anglais l'entrée de tous les ports de Madagascar moyennant un droit de cinq pour cent *ad valorem*. et autorisa les Anglais à résider dans l'île, à y construire des navires, à y bâtir des maisons et à y cultiver des terres.

Par contre, les mesures les plus vexatoires furent mises en vigueur contre les commerçants français.

La mort de Hastie (octobre 1826) et de Radama

(27 juillet 1828), provoqua une réaction violente à Tananarive.

Les grands proclamèrent reine Ranavalona, une des douze femmes du roi défunt, la poussèrent à choisir un favori parmi eux et à constituer un gouvernement oligarchique, aussi hostile aux Anglais qu'aux Français et à tous les Européens en général. (Leguevel de Lacombe, *Voyage à Madagascar et aux îles Comores*, 1823-1830.)

VII

L'expédition française de 1829. — Madagascar fermé aux Européens.

Le 9 juillet 1829, une division navale française, portant un corps expéditionnaire d'environ six cent cinquante hommes, mouillait en rade de Tamatave.

Son commandant, le capitaine de vaisseau Gourbeyre, était porteur d'un ultimatum, réclamant du gouvernement hova, dans le délai de huit jours, la restitution de Tintingue, Fort-Dauphin et autres points autrefois soumis à la France.

En attendant la réponse de Ranavalona, le commandant Gourbeyre prit possession de Tintingue, le 2 août 1829, y construisit un fort, sur lequel il hissa, le 19 septembre, le pavillon français, et y laissa une garnison de trois cents hommes.

Puis, la reine n'ayant pas répondu à l'ultimatum français, il bombarda et incendia Tamatave.

Le 26 octobre, il éprouva un échec à Foulpointe, puis il détruisit le fort de Pointe-à-Larrée, et alla passer l'hivernage à Tintingue.

Le 20 novembre, les envoyés de Ranavalona vinrent négocier un traité, qui devait être ratifié le 31 décembre au plus tard.

Mais les missionnaires anglais de Tananarive intervinrent auprès de la reine, qui refusa cette ratification.

La révolution de Juillet coupa court à nos revendications, et Tintingue fut évacué le 31 mai 1831.

En 1832 et 1833, les officiers de la corvette la *Nièvre* explorèrent, par ordre du ministre de la marine, la baie de Diégo-Suarez et en reconnurent — vainement quant au point de vue pratique — les immenses avantages.

C'est à cette époque que Ranavalona défendit, sous peine de mort, à ses sujets, de suivre la religion des missionnaires anglais, qui durent quitter Tananarive vers le mois de juin 1835.

En 1837, l'amiral Duperré ayant cherché à conclure avec les Hovas un traité de commerce, cette demande, outre qu'elle fut repoussée, attira sur nos nationaux d'odieuses tracasseries qui ne cessèrent que sur la menace d'un bombardement.

Les traitants européens furent plus ou moins tolérés, plus ou moins persécutés, sur les côtes, jusqu'en 1845. Alors, la reine voulut les soumettre aux plus dures lois du pays.

Le bombardement de Tamatave, le 15 juin 1845, par l'amiral Romain Desfossés, et par la corvette anglaise le *Conway*, n'eut d'autre résultat que l'égorgement en masse de tous les chrétiens indigènes, accusés de pactiser avec les étrangers, et, pendant huit ans, Madagascar resta fermé au commerce européen.

VIII.

Lutte de l'influence française et de l'influence anglaise. — Le traité du 8 août 1868.

Malgré la haine du gouvernement hova contre les étrangers, trois Français, MM. de Lastelle, Jean Laborde et Lambert, lui ayant rendu de signalés services, parvinrent à acquérir, de 1852 à 1855, un grand crédit à la cour de Tananarive, et surtout auprès du prince Rakoto, héritier du trône.

Ils songèrent à user de leur influence pour établir à Madagascar le protectorat effectif de la France, et obtenir, pour une grande société européenne, la concession des mines, des forêts et des terres incultes de l'île.

Lambert soumit ces projets à Napoléon III, qui, hypnotisé par l'utopie de l'alliance anglaise, mit maladroitement lord Clarendon, chef du *Foreign Office*, au courant de la situation.

Naturellement, celui-ci refusa de se prêter au protectorat de la France et envoya immédiatement un agent anglais à Madagascar. Quelques temps après on exila MM. Laborde et Lambert (juillet 1857).

A la mort de la sanguinaire Ranavalona, le 16 août 1861, tous les peuples de Madagascar poussèrent un immense soupir de soulagement.

Le prince Rakoto, proclamé roi sous le nom de Radama II, s'empressa de rappeler les Français. Il chargea M. Lambert, créé duc d'Imerina, de le représenter en Europe, et lui délivra une charte de concession, pour la formation de la *Compagnie de Madagascar*, qui fut organisée au capital de 50 millions.

Radama, reconnu par différentes cours de l'Europe, *signa un traité avec la France*, et M. Laborde fut nommé consul français à Tananarive, le 12 septembre 1862.

Mais les intérêts et les préjugés contrariés par les réformes, savamment excités par l'agent anglais Ellis, provoquèrent une révolte, et Radama II ayant refusé de rompre les concessions faites aux étrangers, il fut étranglé le 12 mai 1863.

Sa veuve, proclamée reine sous le nom de Rasohérina, dut subir la volonté du premier ministre Rainilaiarivony qui partagea le pouvoir avec elle.

Ce fut une réaction violente contre la politique de Radama II.

Le premier ministre signifia à M. Laborde *que le traité conclu avec la France ne subsistait plus*.

La *Compagnie de Madagascar* ayant dû suspendre toute exploitation, le gouvernement français réclama au gouvernement malgache une indemnité de 900 000 francs, dont le paiement fut ajourné jusqu'en 1866 sous divers prétextes, et qui servit à la liquidation de la Société.

Pendant ce temps, l'agent anglais Ellis réussissait à conclure avec le gouvernement hova, le 27 juin 1865, un traité assurant la prépondérance des missionnaires britanniques dans toute l'île et leur influence néfaste pour la politique française.

Vers la fin de 1866, le comte de Louvières fut envoyé à Tananarive par le gouvernement impérial pour négocier un nouveau traité. Mais il mourut à son poste, le 1er janvier 1867, sans avoir rien conclu.

Rasoherina mourut le 1er avril 1868, et fut remplacée par sa cousine Ramoma, qui, sous le nom de Ranavalona II, eut aussi Rainilaiarivony comme époux et premier ministre.

M. Garnier, successeur du comte de Louvières, put enfin, le 8 août 1868, conclure un traité autorisant les Français à acquérir des terres et stipulant la liberté de l'enseignement catholique.

Mais le premier ministre le viola aussitôt, en décrétant que tout indigène qui vendrait des terres à un étranger serait condamné à dix ans de fers, et en déclarant l'enseignement protestant obligatoire pour tous.

Les événements de 1870-1871 ne permirent pas à la France de s'occuper de Madagascar pendant quelques années, et, — adroitement exploités par les missionnaires anglais, — ne firent qu'accroître la fragilité de notre situation dans la grande île.

IX

La succession Laborde. — L'expédition française de 1883-1885. — Le traité du 17 décembre 1885.

M. Laborde, notre consul à Tananarive, qui avait tant fait pour la cause française à Madagascar, mourut en décembre 1878, laissant une fortune immobilière estimée à environ 1 million de francs, que le gouvernement hova refusa catégoriquement de remettre à ses héritiers.

M. Cassas, nommé, en 1870, consul et commissaire de la République française à Madagascar, après deux ans de vaines réclamations, dut, devant l'attitude du gouvernement hova, se retirer de Tananarive à Tamatave.

Le gouvernement français se contenta de le remplacer, vers le mois d'avril 1881, par M. Meyer.

Celui-ci, *au bout de trois mois de gérance*, avait su rétablir jusqu'à un certain point notre influence, et obtenait d'excellents résultats, lorsque la direction du personnel de notre ministère des affaires étrangères, l'envoya à Singapoure comme consul.

Sur l'avis de M. Beaudais, successeur de M. Meyer à Tananarive, le gouvernement français fit tenir au gouvernement hova une note exigeant l'exécution intégrale des traités et l'enlèvement des pavillons que la cour d'Imerina avait fait placer sur des territoires de la côte nord-ouest de Madagascar dépendant de notre protectorat.

Poussés par les Anglais, les Hovas devinrent si menaçants, que le personnel du consulat dut se retirer à Tamatave.

Le capitaine de vaisseau Le Timbre, chef de la station navale de la mer des Indes, saisit le seul navire de guerre que possédaient les Hovas, et alla arracher leurs pavillons indûment plantés sur nos concessions.

Pour gagner du temps, le premier ministre hova envoya une ambassade à Paris, à la fin d'octobre 1882, mais il fut facile de se convaincre que la force seule aurait raison des Hovas.

Le 15 février 1883, le contre-amiral Pierre était envoyé à Madagascar, occupait Mojanga (16 mai 1883), et adressait à la reine un ultimatum réclamant : « 1° la reconnaissance effective des droits de souveraineté ou de protectorat que nous possédons sur la côte nord ; 2° des garanties immédiates destinées à assurer l'exécution du traité de 1868 ; 3° le paiement des indemnités dues à nos nationaux. »

Le 9 juin, lui parvenait une réponse négative.

L'amiral Pierre occupa aussitôt Tamatave (10 juin), détruisit Foulpointe, Mahambo, Fénérife, et arrêta le prédicant Shaw, soupçonné de tentative d'empoisonnement contre nos soldats.

Le fait n'ayant pu être établi, notre gouvernement, en présence des réclamations du Foreign Office, octroya au pasteur Shaw 25 000 francs d'indemnité.

L'amiral Pierre, ainsi désavoué, rentra en France et mourut en vue de Marseille!

La reine Ranavalona III succéda à sa cousine Ranavalona II, le 22 novembre 1883, et épousa le premier ministre.

L'amiral Galiber, qui remplaça l'amiral Pierre, modifia sa ligne politique, et entama de longs pourparlers avec les Hovas, tandis que ceux-ci se préparaient à une vive résistance.

Au commencement de 1884, l'amiral Miot remplaça l'amiral Galiber, et bloqua, plus ou moins rigoureusement, les côtes de Madagascar, pendant toute l'année, sans le moindre résultat.

En avril 1885, le Parlement français ayant voté un nouveau subside de 12 millions, l'amiral Miot reçut l'ordre, après une tentative de conciliation, de « reprendre les hostilités jusqu'à complète satisfaction ».

Mais les Hovas avaient si bien mis à profit le temps qu'on leur avait laissé pour organiser la résistance, que lorsque, le 10 septembre 1885, l'amiral Miot se décida à attaquer le camp retranché de Farafatrana, à 6 kilomètres de Tamatave, il essuya un échec.

C'est à la suite de cet échec, et, par conséquent, dans les pires conditions, que les gouvernements français et hova, aussi las l'un que l'autre de l'état de guerre, traitèrent de la paix, le 17 décembre 1885.

Aux termes de ce traité, ratifié par la Chambre des Députés le 27 février suivant, les Hovas s'engagent à payer une indemnité de guerre de 10 millions, cèdent à la France, en toute propriété, la baie de Diégo-Suarez, et reconnaissent notre souveraineté sur les territoires du nord-ouest. Un résident, représentant le Gouvernement de la République, demeurera à Tanarive, avec une escorte militaire, et présidera aux relations extérieures de Madagascar. C'était, en réalité, l'institution d'un protectorat politique de la France sur toute l'île; le mot seul n'était pas prononcé. Mais, au lieu du droit de propriété immobilière, but de l'expédition, nous nous contentions du bail emphythéotique, renouvelable au seul gré des parties.

Avant l'échange des ratifications, le premier ministre hova, ayant soulevé des difficultés, obtint de nos plénipotentiaires, MM. Miot et Patrimonio, une soi-disant *lettre interprétative*, qui dénaturait, sur divers points, le sens du traité, et qui fut désavouée, devant le Parlement, par M. de Freycinet.

X

Nos résidents à Madagascar :
MM. Le Myre de Vilers, Bompard et Larrouy.

M. Le Myre de Vilers, nommé résident général de la République française à Madagascar, fit son entrée solennelle à Tananarive le 14 mai 1886, et eut aussitôt à lutter contre la mauvaise volonté et la duplicité du Gouvernement hova.

Mais celui-ci avait affaire à forte partie. M. Le Myre de Vilers déjoua toutes les intrigues anglaises, fit annuler les contrats qui liaient les Hovas au sujet britannique Abraham Kingdon, et obtint pour la France la concession d'un emprunt malgache et d'une ligne télégraphique de Tananarive à Tamatave.

Le Comptoir d'Escompte de Paris, le 18 décembre 1886, prêta au Gouvernement hova une somme de 15 millions de francs, dont 10 millions devaient être versés au Gouvernement français, en exécution de l'article 8 du 18 décembre 1885. Les intérêts, à 6 p. 100, et l'amortissement, en 25 années, sont garantis par les recettes douanières de six ports.

Le télégraphe de Tamatave à Tananarive a été inauguré le 15 septembre 1887.

M. Le Myre de Vilers, alliant, lorsque cela devenait nécessaire, l'énergie du marin à la finesse du diplomate, a su tirer tout le parti possible de la situation qui nous est faite à Madagascar.

En juillet 1889, succéda à M. Le Myre de Vilers M. Bompard, qui fut d'abord *persona grata*.

Mais, sur ces entrefaites, intervint l'arrangement du 5 août 1890, par lequel le gouvernement britannique reconnaissait « le *protectorat* de la France sur l'île de Madagascar, avec ses conséquences, notamment en ce qui touche les exequatur des consuls et agents britanniques, qui devront être demandés par l'intermédiaire du résident général français ».

Lorsque les termes de cet arrangement furent connus du Gouvernement hova, en vingt-quatre heures

M. Bompard devint pour tous l'ennemi, et eut à faire face à des difficultés de toute sorte. Après avoir essayé de lutter pendant deux ans contre l'hostilité ouverte des Hovas, n'ayant que la force morale à leur opposer, il partit (octobre 1892).

M. Larrouy, consul à Dublin, accepta la charge difficile de représenter la France à Tananarive, avec la mission de tenir la place le plus longtemps possible sans soulever aucune affaire, et sans cependant laisser humilier la France.

Les Hovas, à l'instigation des Anglais, sentant bien que, tôt ou tard, le gouvernement de la République se déciderait à agir, se mirent à faire, malgré la protestation de M. Larrouy, de nombreuses commandes d'armes, et les attaques contre les biens et les personnes des Européens se multiplièrent à tel point, restant toujours impunies, que la position devint de moins en moins tenable.

Cette situation n'ayant fait que s'aggraver, le gouvernement français a dû enfin ouvrir les yeux sur la nécessité d'une expédition pour mettre les Hovas à la raison lorsque M. Larrouy demanda, en septembre 1894, l'autorisation de rentrer en France.

Il fallait prendre une décision.

M. Le Myre de Vilers partit pour Madagascar, le 14 septembre, porteur d'un ultimatum pour le gouvernement hova.

Arrivé à Tamatave le 9 octobre, il en repartit le 11 pour Tananarive, ouvrit les négociations, et attendit jusqu'au 26 octobre, à la résidence, la réponse de la cour d'Émyrne.

Le premier ministre répondit qu'il ne se soumettrait qu'à la force.

M. Le Myre de Vilers quitta Tananarive le 27 octobre, après avoir évacué les civils sur la côte est, les militaires sur la côte ouest, afin de ne pas encombrer les routes. Cette opération délicate réussit au delà de toute espérance.

Arrivé à Tamatave le 2 novembre, M. Le Myre de Vilers dut assurer la sécurité de la ville jusqu'au 12 décembre, afin de permettre au Parlement français de se prononcer.

Le gouvernement français n'hésita plus. Il demanda et obtint des Chambres un crédit de 65 millions, et décida l'envoi à Madagascar d'un corps expéditionnaire de 15 000 hommes, sous les ordres du général Duchesne.

Tamatave et Mojanga furent occupés, et M. Le Myre de Vilers rentra en France.

A l'heure où j'écris ces lignes, tout s'organise activement pour le départ de l'expédition, dès que la saison des pluies aura pris fin.

XI

Résumé et conclusion.

Toute l'histoire de Madagascar peut se résumer en quatre phases bien distinctes.

Première phase. — Peuplement de l'île par migrations, et tentative infructueuse de colonisation des Portugais, jusqu'à leur massacre, au début du xvie siècle.

Deuxième phase. — Entreprises des Français, et revendication constante des droits de la France sur

Madagascar, de la fin du xvi° siècle à la fin du xviii°.

Troisième phase. — Lutte de l'influence anglaise contre l'influence française et fondation de la monarchie des Hovas, de 1814 à 1878.

Quatrième phase. — Ouverte par la succession Laborde, marquée par l'expédition de 1883-1885, par le traité du 17 décembre 1885, et par l'expédition actuelle, entreprise pour obtenir l'exécution intégrale de ce traité.

Il faut espérer que la cinquième phase, qui datera du début de notre protectorat effectif à Madagascar, ne sera qu'une ère de prospérité pour la grande île et pour les intérêts français qui ne peuvent manquer de s'y développer.

PAUL COMBES.

L'INDIGÈNE

Gouvernement et administration des régions soumises aux Hovas. — Gouvernement des régions insoumises. — Conditions sociales de l'existence de l'indigène. — Conseils pratiques à un colon. — Tableaux de statistique commerciale et industrielle.

ADMINISTRATION

L'île de Madagascar, étudiée au point de vue politique, peut se partager en deux catégories distinctes de tribus : celles qui sont soumises et obéissent à l'autorité du gouvernement de Tananarive, et celles qui sont restées indépendantes ou échappent par suite de leur situation à cette autorité. D'une façon générale, la côte Est tout entière, sauf quelques points du Sud et le petit plateau d'Ikongo habité par une tribu de Tanalas, entre dans la première catégorie. — La côte Ouest, en exceptant les environs de Morondava et ceux de Tuléar et la partie nord-ouest qui s'étend depuis Mojanga jusqu'à Diégo-Suarez, forme la seconde. Quant à l'intérieur, comprenant les Antsihanaka, les Antaimérina, improprement appelés Hova, et les Betsiléo, non seulement sa soumission est absolue, mais même vainqueurs et vaincus ne font plus qu'un et l'immixtion des uns dans la direction des autres est complète. Pour cette distinction des peuplades habitant Madagascar, la différence des caractères joue un grand rôle : les tribus soumises sont en effet les seules capables d'efforts réels soit dans la culture, soit dans le commerce. Exploitant un sol fertile et ayant créé des centres où des productions industrielles et agricoles donnent lieu à un trafic, ces tribus tiennent à leur coin de terre et ont préféré admettre le joug du vainqueur plutôt que de renoncer à leurs propriétés. Les insoumis de l'ouest, qu'on range sous la dénomination générale de Sakalaves, sont des nomades : leur indépendance est la conséquence de leur vie errante : le pays qu'ils habitent est vaste et souvent stérile : ils le parcourent, à la recherche de leur nourriture, s'attaquant et se pillant les uns les autres, ou s'unissant pour dévaliser les villages des zones neutres. Telle est l'origine des Fahavalo. Ajoutons que les territoires soumis représentent environ les deux tiers de l'île.

Ceci posé, examinons : 1° Quel est le gouvernement de Tananarive ; comment il fonctionne dans l'Imerina c'est-à-dire la province centrale, l'Ile-de-France, en quelque sorte, et comment enfin il régit les tribus soumises ?

2° S'il existe un principe de gouvernement chez les insoumis et aussi de quel moyen se servent les Hova pour pénétrer dans ces régions.

Sur le plateau de l'Imerina vivent deux races distinctes confondues toujours sous une même étiquette, le Hova. — L'une, jaune, constitue la noblesse, Andriana ; l'autre, foncée, forme la caste libre, Hova. Nous ne parlons pas de la caste des esclaves composée d'éléments divers. — Quelle est la race aborigène? Quelle est la race conquérante? — L'étude du passé, et particulièrement des tombeaux nous l'apprendra peut-être plus tard. Qu'il nous suffise de dire que la loi défendant maintenant encore le mariage des Andriana avec les Hova, cette race est restée presque pure, tandis que la race Hova est mélangée par suite d'alliances avec l'élément noir. Les fiefs sont aux mains des Andriana avec les serfs : depuis le commencement de ce siècle les honneurs avec les profits reviennent aux Hova. Et cet usage est tellement invétéré que le premier ministre actuel, Hova lui-même, pour administrer le pays, a dû laisser aux nobles leurs privilèges, mais leur a juxtaposé des gouverneurs de sa caste et de son choix. La reine est noble : elle n'a jamais été choisie, elle ne peut être prise dans la caste Hova. Elle est le chef suprême de la noblesse tout en étant le chef du pays. Voilà pourquoi, en présence de ces deux pouvoirs, lui représentant de l'un d'eux, afin de les centraliser dans sa personne, le premier ministre a pris la reine Rasoherina comme femme à la mort de Radama II, puis la reine Ranavalona II et enfin Ranavalona Manjaka III, de façon à se faire accepter par la noblesse elle-même, et par suite à réduire les deux castes sous son joug, réellement et légalement. Mais qu'on ne s'y trompe pas, l'autorité royale est la seule dont la tradition existe profondément dans les populations de l'Imerina. On redoute le premier ministre : on respecte la reine. Le pouvoir du premier est usurpé : celui de l'autre est le pouvoir établi. Le peuple ne parle pas des ancêtres de Rainilaiarivony : tandis que toutes ses légendes remontent à la noblesse : on vénère dans la personne de Ranavalomanjaka la fille du vieil Andrianampoinimerina. Chef d'une famille nombreuse, maître du peuple et de l'armée, le premier ministre aurait pu changer le principe héréditaire de l'autorité royale : il pouvait s'ériger en roi, et préparer la succession de ses descendants au trône. Mais trop habile pour ne pas profiter de l'abri exceptionnel que lui prêtait cette autorité royale solidement établie dans l'esprit de la masse, et derrière laquelle il se retranchait pour dissimuler ses menées, sous le couvert de laquelle il édictait des mesures dont il redoutait l'impopularité, il a précisément cherché depuis son arrivée aux affaires à augmenter le prestige royal, en se conduisant, tant au palais que dans les grandes cérémonies, comme le premier sujet de la reine. A la fête du bain et aux revues, c'est lui qui, le premier, vient s'agenouiller devant la souveraine et la reconnaître officiellement, pendant que par ses ordres les canons d'Andohalo tonnent, tandis que la foule entière s'agite, honorant la reine par ses vivats, honorant aussi « le grand ministre » qui se fait petit aux pieds du trône. Et toujours il en est ainsi : quand Rainilaiarivony a pris une décision, c'est au nom de la reine qu'il la communique à ses sujets : il exige même de celle-ci parfois qu'elle prononce quelques paroles d'autorité. Le texte des décrets ou lois qui sortent, rarement à vrai dire, de l'imprimerie officielle commence toujours par : « Nous Ranavalomanjaka... » etc., et se termine par : « Ainsi dit Ranavalomanjaka. » Et au-dessous : « Ceci est bien la parole de la Reine. » Signé : Rainilaiarivony. Et d'ailleurs, qui a fait de Razafindrahety la reine actuelle ? Rainilaiarivony. Qui lui a fait déserter le catholicisme pour embrasser le protestantisme anglo-malgache, c'est-à-dire la religion d'État? Rainilaiarivony. Qui la fait sortir en grande pompe pour réveiller l'enthousiasme de la population, à des intervalles éloignés? Rainilaiarivony. Qui donc enfin lui disait, il y a quelques mois, alors qu'une tentative de langage indépendant avait échappé à cette femme de trente-cinq ans : « Prenez garde : je suis le maître ; je puis vous anéantir comme je vous ai créée! » C'était Rainilaiarivony, qui parlait ainsi à l'autorité royale, fort de sa propre autorité, c'est-à-dire des nombreuses créatures qui lui doivent tout, et qui, dans la province comme dans la ville, dans les quartiers comme au palais, épient, surveillent et dénoncent. Cette cohorte de clients qu'on nomme à Tananarive les aides de camp du premier ministre, et que nous retrouverons comme intermédiaires dans tous les actes administratifs émanant de l'autorité, c'est elle qui a fait Rainilaiarivony, c'est elle aussi qui le maintient: donc la Reine règne, et le premier ministre gouverne. Par suite, pour étudier l'administration malgache, c'est le ministre, ce sont ses actes, qu'il faut disséquer. Rien ne se fait sans lui; on ne déplace même pas un meuble au palais sans son consentement; on ne célèbre pas une fête sans qu'il en ait été l'ordonnateur; de même que pas un gouverneur n'est nommé sans qu'il ait tout examiné, pas un soldat n'est incorporé sans qu'il lui remette lui-même (nous garantissons le fait) sa feuille de route. Il y a un Conseil de cabinet, des ministres de la justice, de l'intérieur, etc. Mais le seul ministre qui prenne une décision, c'est lui : les autres, représentant l'opinion publique, sont là pour approuver et non pour discuter. Devenu vieux, il ne suffit plus au travail : un seul homme, habile et qui a su gagner sa confiance en lui laissant croire qu'il continuait à tout faire, dirige aujourd'hui l'administration intérieure. C'est Rasanjy, le premier secrétaire.

L'étranger, le « vazaha », a toujours été pour Rainilaiarivony une préoccupation constante qui depuis vingt ans a annihilé chez lui toutes les autres. Nous commencerons donc par étudier sa politique étrangère, celle-ci ayant inspiré depuis cette époque toute tentative d'organisation intérieure. Concentrant sur l'envahisseur toutes les ressources de son imagination et toutes les ruses, ayant vainement essayé par tous les moyens en son pouvoir de dégoûter l'ennemi commun, c'est-à-dire le colon, il a imaginé de lancer Européens contre Européens, puis Français contre Français, tout en protestant des deux côtés d'une égale sympathie. La convention de 1890, en lui prouvant que les destinées du royaume pouvaient s'agiter désormais en dehors dudit royaume et de son conseil de cabinet, il fut âpre à l'égard du représentant de la France, affable avec les colons. Parmi ces derniers, les uns virent un débouché à leurs intérêts personnels en se faisant l'écho de ses plaintes, les autres, de bonne foi, crurent à sa parole. En agissant ainsi, Rainilaiarivony comptait créer en France deux mouvements d'opinion : l'un officiel, émanant de la Résidence générale, l'autre particulier provoqué par quelques-uns. Il avait compté sur l'écrasement de celui-ci : c'est celui-là qui fut paralysé, les Français s'étant groupés autour de leur chef pour venger les injures faites au drapeau. Tel est le plan de défense qui a réussi au premier ministre depuis vingt ans. Son unique préoccupation a été de se débarrasser de l'étranger : persuadé que le plus gênant était le Français qui par suite de ses anciens traités pouvait afficher les plus grandes prétentions il n'a pas hésité à s'appuyer dans certains cas sur les Anglais qui semblaient jouer dans la grande île un rôle absolument désintéressé et qui, de fait, ne se sont jamais immiscés qu'aux affaires de commerce, ou aux questions d'ordre intime.

Il est à remarquer, en effet, qu'au moment où, conformément au traité de 1885, nous nous efforcions d'obtenir du gouvernement malgache satisfaction sur des questions de politique extérieure, c'est à la politique intérieure que les efforts des Anglais continuaient à s'appliquer. Tandis que leurs nationaux postulaient des concessions, leurs missionnaires profitant habilement de ses dispositions d'esprit, dictaient au premier ministre les lois du peuple malgache, en s'inspirant des vieux kabary (discours) d'Andrianampoinimerina, organisaient le système d'éducation, fondaient des écoles et des hôpitaux, une imprimerie officielle, etc. C'est donc bien sous l'impulsion des Anglais que l'organisation actuelle a été constituée, et l'imprimeur Parrett y a joué un rôle important.

Voyons maintenant ce que peut être l'organisation administrative, ou plutôt quels sont les intermédiaires entre le premier ministre et ses sujets. Le cabinet ou conseil est composé de quatorze personnes qui comprennent quatre ministres : celui des lois, de l'intérieur, de la guerre, des étrangers ; un membre de la famille royale, l'oncle de la reine ; six aides de camp du premier ministre dont le chef ; un chef de la caste noire, et deux juges. Les ministres sont au nombre de six personnes représentant intérieur et travaux publics, bureau des affaires étrangères, justice, guerre, trésor public, instruction publique. Enfin les conseillers du gouvernement et secrétaires : huit personnes, tous aides de camp du premier ministre. Les Andrianas sont rangés en sept castes, les Hovas en six, la caste noire en trois principales.

Tananarive est divisé en quartiers qui sont en commençant par le nord de la ville :

1° Antanimena ; 2° Ankadifotsy ; 3° Andravohangy ; 4° Ambondrona ; 5° Faravohitra habité par les Anglais ; 6° Ampandrana ; 7° Ankadivato ; 8° Antsakaviro que traverse un sentier rejoignant la route de Tamatave ; 9° Ampasika ; 10° Andranonamboa ; 11° Ambohijatovo ; 12° Ambatonakanga ; 13° Analakely, quartier du Zoma ou marché ; 14° Antsahavola ; 15° Isotry, à la pointe ouest ; 16° Ambatonilita ; 17° Antsahamanitra ; 18° Soraka ; 19° Ambohitsirohitra, où se trouve la Résidence générale ; 20° Ambohidahy ; 21° Ambatomanitra ; 22° Ambodinandohalo (la grande place centrale où se trouve la mission catholique) ; 23° Ambatomiangara ; 24° Anjohy ; 25° Ambohimanoro ; 26° Ambohitsiroa ; 27° Ankorahotra ; 28° Ambatolampy ; 29° Ambavadimasina : ce quartier, un des plus anciens de Tananarive, est traversé par la vieille route de Tamatave et limité par une porte, avec une énorme pierre ronde, reste des anciennes fortifications ; 30° Atsinanan'Andohalo, habité par la famille royale ; 31° Amborotsanjy ; 32° Avaratr'Imahamasina ; 33° Atsinanan'Imahamasina ; 34° Mahamasina (la place d'armes où se célèbre le sacre des souverains) ; 35° Ambohitsoa ; 36° Ambohitantely ; 37° Ambatolampy ; 38° Ambanidia ; 39° Faliarivo ; 40° Ambavahadimitafo ; 41° Ankadibevava ; 42° Ankadimbahoaka ; 43° Ampamaho ; 44° Andohalokely ; 45° Ambohijafy ; 46° Ambatondrafandrana ; 47° Malakialina; 48° Antsahatsiroa; 49° Ambatovorodamba; 50° Atsimon'Imahamasina ; 51° Andrefan'Ambohijanahary; 52° Ambohijanahary (c'est le mamelon à l'ouest de Tananarive; 53° Ankadilanana ; 54° Ambavaratrambato ; 55° Amboanonoko ; 56° le Rova ou Palais-Royal ; 57° Atsinanandrova ; 58° Ankazomasina ; 59° Ambolotara ; 60° Ambatomitsangana ; 61° Ankaditapaka ; 62° Ambohimitsimbina ; 63° Ankadinandriana ; 64° Ambatomaro ; 65° Ankerankely ; 66° Ampananina ; 67° Ambohipotsy, à la pointe sud de l'arête principale; 68° Anjahana ; 69° Anketsakely ; 70° Andoharano ; 71° Mananjary ; 72° Fiadanana ; 73° Soanierana ; 74° Ankazoto. Ces huit derniers quartiers forment un faubourg presque détaché de la ville. Chacun de ces 74 quartiers possède un Fokonolona (trad : cœur des gens), sorte de conseil municipal, et un chef qui porte le nom de chef du Fokonolona.

Le Fokonolona, quartier classé sous le n° 15 Isotry, joue le rôle de mairie centrale vis-à-vis du gouvernement. Le chef du Fokonolona est responsable de ce qui se passe dans son quartier; il organise en cas de vols des rondes nocturnes, s'occupe des incendies, doit régulièrement recevoir les déclarations de naissances, est souvent prédicant et réunit le dimanche son quartier au temple, s'occupe ou est censé s'occuper de la voirie, règle les contestations entre les voisins. C'est en somme un petit personnage : il est choisi par les habitants du quartier, et ce choix est ratifié par le Premier ministre.

La province de l'Imerina est divisée elle-même en six circonscriptions, dont Tananarive est le centre : 1° les Avaradrano au nord; 2° les Sisaony à l'ouest; 3° les Marovatana à l'est; 4° les Ambodirano au sud;

5° les Vonizongo au nord-ouest; 6° les Vakin'Ankaratra au sud-ouest. Chacune de ces circonscriptions, en dehors du chef (*governor lehibé*) comprend des gouverneurs de district (*mpiadidy*) lesquels ont sous leurs ordres les chefs de villages. Le chef et les mpiadidy sont nommés par le Premier ministre; les chefs de village sont choisis par la population elle-même.

Quant aux provinces soumises, en voici la nomenclature :

Antsihanaka, régie par 2 gouverneurs.
Bezanozano, — 2 —
Betsiléo, — 8 —
Betsimisaraka, — 14 —
Antaimoro, — 4 —
Antanosy, — 1 —
Fiherenana, — 1 —
Bara, — 1 —
Menabé, — 10 —
Boina, — 23 —
Antankarana, — 7 —

Les gouverneurs ont sous leurs ordres des sous-gouverneurs qui jouent à leur égard le rôle d'aides de camp, tous agréés par le Premier ministre, puis les chefs de villages choisis dans la population indigène. Nous ferons remarquer que dans la nomenclature ci-dessus toutes les provinces de Madagascar sont représentées, quoique en réalité l'autorité hova ne soit pas partout officiellement reconnue. La cause doit en être cherchée dans le principe même d'expansion, de colonisation, dont s'est toujours servi le gouvernement de Tananarive. En effet, partout où son autorité n'était pas assez solidement établie pour que le système de gouvernement tel qu'il fonctionne dans l'Imerina puisse être constitué, il a créé des postes militaires, de véritables colonies militaires abritées derrière des retranchements et des palissades. Le malheur est que les chefs de ces postes, avec d'autant plus d'âpreté que leur éloignement de la capitale est une garantie d'impunité, sont le plus souvent les auxiliaires des bandes armées contre lesquelles ils devraient sévir. C'est ainsi que le gouverneur de Mandritsara a été probablement le complice des Fahavalo qui ont assassiné et dépouillé notre malheureux compatriote, M. Müller.

Un fait doit être remarqué : c'est le nombre élevé des fonctionnaires, d'autant que nous n'avons pas compris dans ces listes la tourbe des petits personnages qui gravitent autour des gouverneurs et sous-gouverneurs. Les fonctions étant gratuites, il en résulte des exactions sans nombre qui souvent, du plus grand jusqu'au plus petit, atteignent toujours les misérables. Telle est la seule cause qui empêche le fonctionnement parfait d'une administration simple, acceptée, reconnue et écoutée par la population, en dépit des abus qui sont commis sous le couvert de son autorité. Voyons maintenant quelles sont les attributions de chaque ministre.

Intérieur. — *Police de Tananarive en tant que police de quartier.* Nous venons d'esquisser le système d'administration intérieure du royaume : il nous reste à dire que les seuls intermédiaires entre les gouverneurs et le Premier ministre sont non pas le ministre de l'intérieur, mais bien le chef des aides de camp et les aides de camp eux-mêmes, c'est-à-dire ceux qui vivent des profits réalisés par les gouverneurs dans leurs provinces. Il serait trop imprudent, en effet, de la part de Rainilaiarivony de confier un rôle supérieur et actif à un seul individu dans cette organisation intérieure : il se sert de porte-paroles dont il tient entre ses mains les biens et la personne. Quant au ministre de l'intérieur, il s'occupe de la police et des travaux publics. Toutefois, il n'a affaire qu'à la police de quartier; la police générale, étant composée de soldats, est placée sous les ordres du commandant du palais. Pour les travaux publics, ils se réduisent à peu de chose. Les chemins n'étant soumis à aucun entretien régulier sont tant bien que mal réparés et comblés chaque fois que la reine sort du Palais : les digues sont rebouchées quand une fissure s'y déclare. Les travaux d'intérêt général sont oubliés : l'intérêt particulier seul domine, c'est-à-dire les constructions et travaux destinés à satisfaire la fantaisie du Premier ministre, ou à détourner le caprice de la reine. Alors c'est la population entière qui est conviée à en assurer l'exécution gratuitement; en un mot, on a recours au fanompoana ou corvée.

Corvée. — La corvée, destinée à venir en aide au souverain, était limitée primitivement à la nourriture, à l'habitation et au vêtement de celui-ci. Vers le xviiie siècle elle servit à faire le réseau des digues qui, sur une longueur de plus de trente kilomètres, enserrent le fleuve Ikopa dans sa traversée de la plaine marécageuse de Betsimitatatra, autour de Tananarive, le grenier d'abondance de l'Imerina. Andrianampoimerina (1780 à 1810) l'organise en corporations de bûcherons, menuisiers et forgerons. Sous Radama I (1810 à 1828) elle est employée à l'édification de palais, qui diminuent son énergie (Rova et

Soanierana). Avec Ranavalona I (1828 à 1861), le Français Laborde s'en sert habilement pour la création de la cité industrielle de Mantasoa : puis sous les règnes suivants, une véritable folie de bâtisse épuise les forces vives de la population. Sous Rasoherina et Ranavalona II, les palais s'élèvent de tous côtés. Puis la famille royale veut à son tour faire bâtir des demeures somptueuses, puis le Premier ministre, la famille du Premier ministre (et elle est nombreuse). Les prédicants de la nouvelle religion d'État anglo-malgache font construire des temples. Le peuple peine et gémit. Il donne, donne toujours à ses maîtres, tant son obéissance est absolue, servile même. Mais des motifs nouveaux pour avoir recours au travail général et gratuit viennent s'ajouter aux autres. Les maisons ont été faites, il faut les meubler. Qui transportera de la côte à Tananarive les meubles achetés à l'étranger? La corvée. Qui devra amener les armes à la capitale? La corvée. On a besoin d'argent enfin, à qui s'adressera-t-on? A la corvée. Car ce serait une erreur de ranger parmi les impôts le prélèvement extraordinaire opéré en 1892 par le gouvernement malgache sur ses sujets, et connu sous le nom d'*impôt de la piastre*. Cet emprunt forcé a été dissimulé sous le prétexte d'une libération de corvée. Depuis lors les villages sont désertés : les uns vont grossir les troupes des Fahavalo, les autres se retirent dans l'épaisseur des forêts. Tels sont les abus qui ont transformé une institution utile, nécessaire en elle-même si elle n'était appliquée qu'à des travaux d'utilité publique. Réglementée et dirigée, en effet, la corvée peut seule assurer l'exécution des grands travaux de voirie qui seront indispensables pour établir à Madagascar les voies commerciales.

Il est de toute nécessité : 1° d'affranchir la classe laborieuse en développant ses aptitudes et en l'encourageant par la rétribution de son travail; 2° de nous servir de cette classe afin d'éviter un budget dont la métropole devrait faire les frais. Les travailleurs d'une part ne manqueront pas, quand ils seront sûrs que le travail exécuté librement en échange d'un salaire ne sera pas pour eux la cause d'un travail forcé sans salaire, ou de prélèvements de la part de leurs chefs. D'autre part, on a déterminé aussi quel était le seul obstacle aux transactions : l'absence de routes et par suite la cherté des transports. Or, demander de l'argent pour faire des routes à cette population pauvre, serait courir au-devant d'un échec et de l'impopularité. Le prendre à la métropole alors qu'il est demandé, réclamé par tous, qu'une colonie doit commencer par se suffire à elle-même, serait une grave erreur.

La corvée étant l'exemple le plus frappant de ce danger, puisque par elle toutes les preuves ont été faites, c'est en l'étudiant que nous le signalons; mais il est le même dans les autres branches de l'administration, nous allons le voir.

Bureau des affaires étrangères. — Depuis le traité de 1885 le ministre des Affaires étrangères n'existe plus, puisque aux termes mêmes de ce traité, c'est ou plutôt ce devrait être le Résident général qui préside aux relations extérieures. Si de fait, satisfaction ne nous a pas été donnée sur ce point, il n'y a plus au palais qu'un personnage de second ordre chargé de régler les affaires avec les étrangers. C'est par lui que doivent passer les baux emphythéotiques et autres, les différends entre Malgaches et Européens, les affaires commerciales du même genre, etc. C'est ce fonctionnaire que le Premier ministre n'a cessé de mettre en avant, chaque fois qu'une réclamation lui était portée par notre Résident général au nom de nos colons : ajoutons qu'on s'est toujours refusé à traiter avec lui. Les baux et locations lui assurent *d'honnêtes profits* : mais n'insistons pas, lui et son bureau étant appelés à disparaître.

Justice. — Les différents quartiers de Tananarive sont groupés en trois tribunaux : l'un à Analakely, l'autre à Ambatovinaky, le troisième à Ambohipotsy. Suivant la nature des délits à juger, les affaires ressortissent à l'un de ces trois tribunaux. A chacun d'eux sont attachés une douzaine de juges, choisis par les Andriambaventy (grands juges) et nommés par le Premier ministre. Quand la cause a été entendue dans l'un de ces tribunaux, elle est portée au Palais de justice situé près de la porte du palais. Là, elle est entendue par des juges nommés par le Premier ministre dans les rangs des Andriambaventy, dont le chef est l'oncle de la reine. Enfin, en dernier ressort, l'affaire est portée devant la reine, c'est-à-dire le Premier ministre. Les anciennes lois régissant l'Imerina ont été promulguées dans des Kabary (discours) prononcés par le roi Andrianampoinimerina (1790-1810). Elles portaient principalement sur les devoirs du soldat et les droits de propriété. La reine Ranavalona I promulgua un code composé de 35 articles. Radama II porta ce nombre à 75. Enfin, sous l'influence des Anglais, le Premier ministre fit un nouveau code qui fut solennellement promulgué le 29 mars 1881, imprimé à l'imprimerie officielle du palais. Il en existe une traduction en français publiée à Tamatave. Les dispositions principales ont trait aux crimes d'État, aux meurtres, à l'esclavage, aux mariages et avortements, aux maladies infectieuses, au commerce, au méridien (!), à la voirie, aux ventes et baux, aux forêts, au numéraire, à la médecine, aux ministres, aux juges et à la justice, à l'instruction publique, à l'abus des boissons. Ce code comprenant 305 articles est souvent invoqué suivant les besoins de la cause, mais jamais appliqué. C'est une de ces mesures nombreuses prises par le Premier ministre, pour convaincre l'Europe de l'état avancé de la civilisation malgache.

Les juges cherchent toujours à extirper à l'inculpé le plus d'argent possible; étant donnée la filière que doit suivre toute affaire, on se rendra compte du prix auquel peut revenir un procès. Quand le prévenu ou plutôt l'une des parties n'a plus rien à donner, l'affaire est arrêtée. J'ai vu ainsi à Tananarive deux plaideurs qui depuis vingt ans pour un procès de succession revenaient régulièrement au nord du Palais attendre le jugement définitif. L'argent fourni par eux n'avait sans doute pas encore atteint le pour cent auquel avait été estimé le rapport de cette succession.

Les provinces à proximité de Tananarive ont recours aux tribunaux de cette ville, après toutefois que le chef du village, le gouverneur et ses lieutenants ont commencé par *étudier* l'affaire.

Pour les provinces éloignées, c'est le gouverneur lui-même qui joue le rôle de grand juge, sauf dans les affaires graves.

Guerre. — Le double titre que s'est donné le Premier ministre, afin d'avoir l'administration et l'armée dans sa main (Premier ministre et commandant en chef), fait que la situation du ministre de la guerre est absolument illusoire. D'ailleurs, soldat autrefois lui-même, Rainilaiarivony se plaît à raconter qu'il était arrivé par entraînement à pouvoir rester deux jours sans manger. Il a toujours témoigné une grande sollicitude pour ses soldats. Non seulement il prend le commandement dans les revues, mais le recrutement même se fait par ses soins. Tous les trois ans le contingent est appelé : chaque chef de district doit fournir un certain nombre d'hommes. Ceux-ci sont amenés au Palais, et à chacun, Rainilaiarivony remet une feuille de route individuelle portant le nom du nouveau soldat, son lieu d'origine, le régiment dans lequel il doit être incorporé, la compagnie même (zatolahy, 100 hommes). Les corps d'armée correspondent aux 6 circonscriptions que nous avons indiquées plus haut : Avaradrano, Sisaony, Marovatana, Ambodirano, Vonizongo, Vakinankaratra. Un corps spécial désigné sous le nom de Voromahery (les Faucons) est recruté dans le nord, dans les terres du Premier ministre : c'est naturellement le corps de prédilection de celui-ci ; c'est celui qui, pendant la campagne qui va s'ouvrir, sera le plus à redouter : il constitue en effet une sorte de garde impériale : ses hommes sont choisis.

Le seul rôle du ministre de la guerre est de présider aux exercices qui se font tous les mardis sur le champ de mars de Soanierana (*Matso*) et qui ne comprennent que des exercices à rangs serrés, principalement du maniement d'armes. Les nobles sont généralement chefs des corps de troupe correspondant à leurs fiefs : suivant leur degré de noblesse, ils sont ou capitaine, ou commandant, ou colonel.

On a cherché souvent à établir une corrélation

entre les honneurs (*voninahitra*, fleur cueillie dans l'herbe) et les grades militaires. C'est une erreur. Les honneurs qui peuvent être conférés au nombre de 15 sont une distinction que la reine donne pour services rendus : il y a des colonels qui n'ont pas un honneur, tandis que de simples capitaines en ont 10 : c'est en quelque sorte une décoration sans insignes.

Après la période réglementaire d'exercices qui dure environ six mois, les hommes sont renvoyés dans leurs villages : pendant cette période d'instruction, ces hommes logent chez leurs parents ou amis : leur famille du reste leur apporte des vivres. Après leur renvoi, ils sont rappelés au fur et à mesure des besoins; toutefois ceux des villages voisins de Tananarive et ceux de la ville elle-même, fournissent à tour de rôle la garde du palais et de la ville (environ 300 hommes). Cette garde est relevée tous les jeudis. On a donné jusqu'à présent des chiffres très variables pour l'effectif de l'armée hova ; le peu de régularité qui préside au fonctionnement du recrutement ne permet pas d'évaluer exactement cet effectif qui pourrait être dans certains cas beaucoup plus élevé qu'on ne le suppose, dans un premier déploiement du moins. L'effectif armé, étant donné le nombre des fusils en magasin, peut monter à 20000 hommes. 15000 hommes environ seraient munis de sagaies. Une dizaine de mille hommes feraient office d'artilleurs, de porteurs pour les vivres, etc. Des mitrailleuses, des hotchkiss et 70 pièces de campagne en état de servir, complètent l'armement. Les fusils et les ceinturons, la plupart sans fourreau, sont fournis par la reine. Le vêtement, composé d'un pantalon, d'une veste blouse et d'une casquette en coutil blanc avec liséré rouge, est exigé de l'homme lui-même. Quant aux vêtements des officiers, chacun d'eux est libre de le porter suivant son caprice : il en résulte des juxtapositions bizarres. De vieux uniformes bleu de roi à côté de tuniques rouges d'officiers supérieurs anglais.

Pour les munitions, on fabrique depuis trente ans de la poudre à Tananarive : le soufre est abondant dans l'ouest, mais la mauvaise qualité du salpêtre rend cette poudre très défectueuse. Depuis deux ans on a installé une cartoucherie à Soanierana. Les douilles qu'on y fabrique sont grossières. De plus, étant donnés la variété et le mauvais état des armes, il en résulte que souvent les cartouches sont ou trop grandes ou trop petites pour le fusil qui doit les recevoir.

Quant aux subsistances, plusieurs auteurs ont commis sur ce point une grave erreur. En effet, on a écrit souvent : les Malgaches aussi bien que les Européens ne pourront en temps de guerre trouver aucune ressource dans le pays. Or, tant que l'armée malgache sera en communication avec l'intérieur, jamais elle ne souffrira du manque de vivres. Pendant la campagne de 1883, le riz n'a pas manqué une fois dans les retranchements de Farafatrana : les familles des soldats engagés veillaient elles-mêmes à l'approvisionnement.

Trésor public. — Il y a dans les finances malgaches une confusion encore plus grande que dans les autres services. La caisse royale, celle du Premier ministre, et la caisse du Trésor ne font qu'une : on porte les recettes tantôt à l'une, tantôt à l'autre, comme on prélève les dépenses sur l'une des trois. Quelles sont les dépenses? En dehors de la dette qui exige chaque année le versement au Comptoir d'Escompte d'une somme de 1 200 000 francs et des achats d'armes, toutes les autres dépenses sont personnelles au Premier ministre et à la reine : ce sont celles des achats de meubles, de vêtements et de ces mille bibelots sans valeur qui encombrent les salles du palais de Manjakamiadana. Quant aux frais divers, à la liste civile, nous avons vu que la corvée y pourvoyait. Par suite, si les recettes rentraient d'une façon régulière, elles suffiraient non seulement à couvrir les dépenses, mais donneraient un fort excédent qui constituerait un important budget. En effet, les douanes seules à l'heure actuelle devraient produire 2 millions. Or les fraudes sont multiples ; elles portent : 1° sur la déclaration de valeur des objets importés ; 2° sur des contrebandes, beaucoup de débarquements étant faits de complicité avec les agents malgaches ; 3° sur des marchandises débarquées en des points où il n'y a aucun contrôle.

Les droits de douane sont perçus dans les ports de Madagascar par les soins des gouverneurs et des agents hova placés sous leurs ordres. Or nous avons vu quels abus étaient commis par ces gouverneurs dans leur administration. Il n'y a donc rien d'étonnant à ce que les fraudes commises soient nombreuses et faites avec leur complicité. Les droits se paient *ad valorem* et sont fixés d'une manière générale à 10 p. 100 perçus soit en argent, soit en nature. Pour l'exportation cependant il existe un tarif spécial dont voici les articles.

	Fr.
Porc vivant, par tête.	2,50
Mouton, —	1,50
Chèvre, —	1,50
Dindes, par douzaine.	3,00
Oies, —	3.00

Canards sauvages, par douzaine	3,00
Volaille, —	0,50
Patates, par 100 kilos	0,75
Rafia, —	3,30
Caoutchouc, —	24,00
Suif, —	6,00
Tabac, —	5,00
Sucre brut par 100 k.	1,00
Porc au rabais	1,50
Os, par 100 kilos	0,50
Cire, —	20,00
Café, —	16,00
Gomme copal, par 100 kil.	12,00
Gingembre,	4,00
Cuirs salés, 100 peaux	25,00
Nattes,	1,50
Riz blanc, par 100 kilos	1,50
Rabannes, —	6,00
Bœuf, par tête	15,00

Les recettes douanières des six ports suivants servent à garantir l'intérêt de l'emprunt : Tamatave, Fenerivo, Vohemar, Vatomandry, Mananjary et Mojanga. Dans chacun de ces six ports, à côté des agents malgaches sont placés, par le Comptoir d'Escompte, des contrôleurs français. Dans tous les autres ports soumis à l'autorité de Tananarive, c'est le gouverneur qui perçoit.

Dans les ports dépendant des régions insoumises, les commerçants s'entendent avec les chefs de tribus, dont les exigences sont parfois sans limites.

En dehors des douanes les autres recettes du Trésor public sont :

1° L'impôt foncier payable généralement en nature : il frappe toutes les productions du sol dès qu'elles sont mises en vente : il comprend même les bœufs : sur chacun de ceux qui sont abattus un morceau doit être prélevé et porté à la Reine : cette viande est distribuée tous les vendredis aux petits fonctionnaires et aux soldats par le Premier ministre.

2° *Les droits d'enregistrement.* En principe tout acte de vente ou de location entre Malgaches doit être enregistré au gouvernement : le vendeur ou le bailleur doit acquitter un droit fixe de 5 p. 100 sur les terrains et 12 p. 100 sur les maisons.

Les ventes d'esclaves, prêts d'argent, etc., sont soumis également à un droit variable suivant les cas. Ces droits, si le montant en rentrait régulièrement dans la caisse de l'État, représenteraient un chiffre assez élevé, les transactions de ce genre étant nombreuses. Malheureusement, outre les fraudes qui sont de tout genre, la plus grande partie des sommes réellement versées est interceptée par des intermédiaires et n'arrive pas au Trésor public.

Les amendes, en particulier celles qu'entraînent les condamnations pour ivrognerie, incendies, fabrication de rhum sont assez régulièrement payées : elles frappent en effet la basse classe et les autorités sont impitoyables pour elle.

Mais de tous les revenus, en dehors des douanes, le plus régulièrement perçu est encore le droit fixe de passeport que paie chaque convoi ou même chaque porteur isolé pour se rendre de Tananarive à Tamatave, Mojanga et autres points de l'île. Ce passeport, dont le coût est de 0 fr. 50 par homme porteur de marchandises, 1 fr. 60 par homme porteur de lettres, est porté au chiffre fixe de 7 fr. 50 pour un convoi de douze hommes. Étant donné le nombre des borizano faisant au moins un voyage par mois au prix moyen de 0 fr. 50 par homme, on obtient un chiffre de

2 500 francs par mois, soit 30 000 francs par an, plus les droits de péage pour les pirogues.

En dehors de ces droits légalement payés, doivent figurer les sommes qui proviennent soit de cadeaux (hasina), soit des cautionnements (singulier euphémisme) exigés des gouverneurs à leur nomination ou même dans l'exercice de leurs fonctions, quand on juge à Tananarive que les bénéfices de leurs charges deviennent trop importants; soit des exemptions de corvée, ces dernières parvenant rarement du reste au delà des petits officiers.

Instruction publique. — Nous ne prétendons pas dans cette étude rapide examiner les différents systèmes d'éducation qui fonctionnent soit dans l'Imerina soit dans les provinces soumises avec le concours des missionnaires protestants ou catholiques: nous ne voulons nous occuper que des écoles malgaches, c'est-à-dire de celles qui relèvent directement du gouvernement de Tananarive.

Il est intéressant, en effet, de constater qu'à côté, ou plutôt en commun accord avec la religion d'État, c'est-à-dire le protestantisme anglo-malgache, religion dont la reine est le seul chef, fonctionne un système d'instruction obligatoire dont la direction est soumise à son autorité. A Madagascar, en ce moment, administration, religion et éducation sont centralisées dans les mains de Ranavalona III, ou, plus justement, de Rainilaiarivony. C'est ce qui explique ce fait que les gouverneurs, ou même les chefs de villages, sont tour à tour mpiadidy (litt. : connaissant les lois), mpitoriteny (prédicants), ou mpampianatra (instituteurs). Il n'est pas rare de voir dans ces villages la maison d'école servir de temple et aussi de lieu de réunion pour les Kabary officiels. N'est-ce pas, d'ailleurs, la conséquence logique de cette politique du Premier ministre que nous avons exposée, de s'occuper de tout, pour tenir tout ; idée rudimentaire et barbare, inséparable de celle d'autocratie absolue. Certes, il faut à nos missionnaires catholiques une haute abnégation pour vouloir ensemencer quand même ce champ, où l'ivraie seule, jusqu'à présent, remplace le froment ; où, avant de longues années, nulle moisson ne pourra récompenser leurs efforts. Quand, à l'arrivée des Pères, les missionnaires anglais ont été obligés de s'occuper de religion (jusque-là leur moyen de pénétration consistait plus spécialement dans l'éducation élémentaire industrielle des nobles), Rainilaiarivony, par une suite de lois et de mesures, a excité l'émulation des deux partis en présence. Les écoles se sont créées en même temps que les églises et les temples s'édifiaient. Le Premier ministre, tout en favorisant les écoles protestantes, ne cessait d'encourager les écoles catholiques, mais aussi, et surtout, organisait en dessous les écoles malgaches, afin d'être prêt, le jour où, élevés et formés par les éducateurs étrangers, les jeunes Malgaches seraient en mesure de servir à leur tour d'éducateurs à leurs compatriotes. C'est ce qui s'est passé ; Rainilaiarivony a joué le rôle de troisième larron, et, qu'on ne s'y trompe pas, de même que la religion officielle est la seule qui compte des adhérents nombreux et non fidèles (car nous verrons plus loin que la superstition est la principale préoccupation religieuse chez le Malgache), de même l'éducation officielle est la seule qui fonctionne régulièrement et véritablement dans l'Imerina et les autres provinces.

Certes l'instruction donnée à Tananarive et à Tamatave par les frères des écoles chrétiennes et les sœurs de Saint-Joseph de Cluny est la seule sérieuse et solide. Les interprètes, les ouvriers, les dessinateurs fournis par la mission ont rendu à la cause française de réels services. Mais, cette masse de Malgaches de la génération présente qui sait lire (et c'est presque la totalité) sort surtout des écoles officielles, dans les campagnes principalement Quant aux ministres ou aux délégués de l'instruction publique, leur titre est purement illusoire : ils sont deux, l'un illettré, l'autre ivre les trois quarts du temps. — Dans ce service, comme dans les autres, c'est le Premier ministre, lui seul, qui dirige et assure le fonctionnement de l'organisation.

Les peuplades insoumises. — Quoique les Antaimorona soient soumis au joug de Tananarive, ils n'en ont pas moins conservé leurs chefs; mais, en réalité, ceux-ci n'ont qu'un pouvoir nominal; ils ne peuvent, en effet, s'immiscer dans le règlement d'aucune affaire. Chez les Sakalava, abstraction faite des régions complètement soumises dans le Boina et le Fiherènana, régions limitées aux côtes, sauf sur les chemins militaires de Mojanga et de Malaimbandy, il existe un grand nombre de chefs, dont plusieurs reconnaissent l'autorité malgache. Quant à l'organisation politique, elle est nulle. Ce ne sont, en effet, que des tribus qui se groupent autour de l'autorité d'un descendant des anciens rois; il est remarquable de constater que ces Sakalava, au siècle dernier, s'étaient constitués en une sorte de royaume; plus que les Hova, le rhum et la débauche ont eu raison de cette race inférieure. Voici, du reste, la nomenclature des différentes tribus et de leurs chefs :

BOINA

Baie d'Ampassindava. Roi Tsiaratsy. Reconnaît l'autorité hova.
Jusqu'à Ambavatoby. Reine Binao. Insoumise.
Jusqu'à la pointe de Loza. Quatre chefs. Insoumis, mais maintenus par des postes hovas, dont les principaux sont Anorontsangana, Andranomalaza, Maivarano.
Jusqu'à la baie de Mahajamba. Deux chefs principaux. Reconnaissent l'autorité hova.
Jusqu'à la baie de Bombetoke. Reine Anarana. Reconnaît l'autorité hova sur les territoires du nord.
Jusqu'à la baie de Boina. — Reine Beravony. Insoumise.
Jusqu'à Manjaray. — Lehisoky et Fatoma. Insoumis.
Jusqu'au cap Tanjona. — Safitamy. Insoumis.
Baly. — Sarodany. Insoumis.

AMBONGO

Jusqu'à Nosivoalavo. — Plusieurs chefs. Insoumis.
Jusqu'à Mojalambo. — Un roi.
Jusqu'à la rivière Manambolo — Quatre rois ou reines.

MÉNABÉ

Indépendant au nord de la ligne est-ouest passant par le parallèle de la baie d'Ampatikia.
Soumis aux Hovas qui y ont de nombreux ports, dans la partie sud.
Sur la première partie règne Ratoera, le chef le plus important des Sakalava.
Sur la seconde, la Reine Rasaotsy.

FIHERÉNANA

Deux rois Andriamananga et Rehivaky. Indépendant dans le nord.
Soumis dans la baie de Saint-Augustin. Un roi Tompomanana.

MAHAFALY

Cinq chefs principaux. Indépendants.

ANTANDROY

Huit chefs. Indépendants.

ANTANOSY

Quatre chefs. Soumis.

BARA

Chefs nombreux. Insoumis.

TANALA

Soumis sauf sur le plateau d'Ikongo où règne l'ancien roi des Tanala, Ratsiandraofana.

Ici se termine l'exposé de la situation politique et administrative de Madagascar dans les différentes parties de l'île. Le moment étant proche où nous serons installés effectivement à Tananarive, et où nous pourrons y parler en maîtres, il nous semble utile d'examiner :

1° Ce que la France a fait jusqu'ici au point de vue administratif ;

2° Ce qu'elle pourra faire demain.

Aux termes du traité de 1885, le Gouvernement de la République française devait représenter Madagascar dans toutes ses relations extérieures (Art. I). Conformément à cet article et aux suivants (Art. II et III), un résident, représentant le gouvernement de la République, a été installé par nous à Tananarive. Mais, comme il était de toute nécessité que nous soyons établis et représentés sur tous les points importants où le gouvernement malgache avait des gouverneurs et tenait le commerce, il a été créé une résidence à Tamatave, au point de transit le plus important de la côte Est ; trois vice-résidences, l'une à Mojanga, centre commercial de la côte ouest, l'autre à Fianarantsoa, capitale des Betsiléo, la troisième à Nosy-Vé, près de la baie de Saint-Augustin ; enfin, deux agences de résidence, la première à Mananjary, sur la côte Est, à l'embouchure du Mananjary, point nommé par les indigènes Masindrano ; la seconde, de création récente, à Fort-Dauphin, au sud-est de l'île, ancien centre des établissements de la C^e des Indes-Orientales. Quant au personnel placé sous les ordres du résident général, en voici la composition en 1894.

1 Consul général. — Résident général.

2 Consuls. — 2 Résidents, dont un adjoint au résident général.

3 Vice-Résidents.

2 Agents de résidence.

2 Secrétaires archivistes, faisant fonction de chanceliers.

1 Secrétaire d'ambassade.

5 Élèves interprètes.

1 Capitaine détaché près du résident général.

1 Docteur.

L'escorte avec son cadre de sous-officiers commandée par un capitaine et un lieutenant, avec un médecin de marine de 2e classe.

1 Architecte.

Indépendamment de ce personnel, le service des tribunaux devait, d'après une loi du 2 avril 1891, comprendre trois tribunaux de 1re instance : l'un à Tananarive, l'autre à Tamatave, le troisième à Majunga. Jusqu'à ce jour, le tribunal de Tamatave a seul été créé. Il comprend :

1 Juge, président.

1 Juge suppléant et un greffier.

1 Commissaire spécial.

Le service postal est assuré par des agents de la métropole, ou par le personnel des résidences, des agents du Comptoir National d'Escompte, des fonctionnaires hovas ou des particuliers.

Des bureaux ont été établis à Tananarive, Tamatave, Mojanga, Nosy-Vé et Fianarantsoa; des bureaux auxiliaires à Mananjary, Mahanoro, Vatomandry, Fenoarivo, Vohemar, Maevatanana, Ambositra, Fort-Dauphin, Farafangana, Angontsy, Ivondro, Andevoranto, Mahela, Sahambavany, Morondava, Maintirano, Antalaha, Manakara, Mangatsiaotra, Matitanana, Vangaindrano, Manambondro, Sainte-Luce.

Le service des paquebots des Messageries maritimes desservant la côte Est pour l'Europe part de Tamatave, le 7 de chaque mois, par la Réunion, Mahé, Aden,; le 26 de chaque mois par Sainte-Marie, Diego, Nosy-Bé, Mayotte, Zanzibar, Aden.

Pour la côte Ouest: le paquebot *Mpanjaka* effectue un service mensuel d'aller et retour de Nosy-Bé à Nosy-Vé; il part du premier point le 7 de chaque mois, et arrive à Nosy-Vé le 15; il en repart le 19, passe à Mojanga le 24, et arrive à Nosy-Bé le 25.

En dehors des bateaux des Messageries maritimes, Tamatave est desservi par la Cie Havraise et la ligne anglaise du Cap.

Enfin, Tamatave est relié à Tananarive par une ligne télégraphique suivant le sentier habituel, avec trois postes intermédiaires, Tanimandry, Beforona et Moramanga.

Aucun câble n'aboutit encore à Madagascar; on s'est servi jusqu'à présent soit du câble de Mozambique, soit de celui de Maurice. Un des premiers articles du projet de loi voté par le Parlement comporte un crédit de 3 millions pour l'établissement d'un câble direct.

Les courriers de l'intérieur sont portés par des borizano qui se relaient de village en village; ils sont accompagnés par un tsimandoa (courrier de la reine), qui a droit de réquisition. Ces courriers mettent 5 jours pour faire les 300 kilomètres qui séparent Tamatave de Tananarive.

Tel est l'ensemble des services organisés par la Résidence.

Si le Résident général n'a pas eu près du gouvernement de Tananarive toute l'autorité que lui conférait le traité de 1885, si, en particulier, il s'est toujours heurté sur les questions d'exequatur, c'est-à-dire des relations étrangères, à un mauvais vouloir constant de la part du Premier ministre, tous les services qui ont été constitués et placés sous son autorité ont parfaitement fonctionné. Les communications postales et télégraphiques en particulier, en dépit des obstacles de toute sorte, ont toujours été assurées; sauf deux ou trois retards, tous les convois sont arrivés à destination. D'autre part, les résidents, vice-résidents et agents, par une longue pratique du pays, sont arrivés à une parfaite connaissance des habitants et de la langue : ils ont solidement assis notre autorité dans la région qui leur était respectivement assignée. Certes, des ordres sont descendus souvent du gouvernement de Tananarive pour contrecarrer l'influence qu'ils pouvaient prendre : on a cherché à soulever autour d'eux des difficultés de toutes sortes : l'œuvre de pénétration n'en a pas moins été accomplie : sur la côte Est par Tamatave et Mananjary, à l'Ouest par Mojanga et Nosy-Vé, au Centre par Fianarantsoa. Il ne manquait, pour que nous puissions administrer effectivement ces populations et réduire à néant les grands gouverneurs hova, que la signature royale au bas des mesures qu'aurait pu prendre notre Résident général. L'escorte de cinquante hommes qu'avait près de lui dans la capitale de l'Imerina le représentant de la France, ne pouvait appuyer en aucune façon son autorité. Une garnison de quinze cents hommes le rendra maître des décisions. Nous avons cherché en effet au cours de cette étude à établir quelle était la solidité du pouvoir de la reine dans l'esprit de la population, par des exemples : nous espérons avoir démontré que ce principe était profondément enraciné dans l'esprit du peuple. Il nous faudra donc conserver un souverain, un roi, à Tananarive. Quant à la charge de premier ministre, elle doit disparaître. C'est le Résident général, ou supérieur, qui seul devra concentrer dans ses mains les rênes des différents services. — En supprimant ces ministres factices, qui ne sont qu'un prétexte à exactions, il lui suffira d'avoir sous ses ordres un administrateur du royaume, choisi parmi les Malgaches, qui par leur situation ont été à même non seulement de connaître, mais aussi de faire fonctionner les rouages de l'administration indigène. — Un conseil d'une quinzaine de notables choisis parmi les chefs des castes, noble, hova, et noire, constituera la représentation nationale, c'est-à-dire servira à assurer l'exécution dans la population des ordres dictés par le Résident et signés par le Souverain. Par la suppression du Premier ministre, les aides de camp, soit toute la foule avide, rapace des petits fonctionnaires disparaîtront. Resteront les gouverneurs et les chefs de villages. — Quant à Tananarive, l'organisation en quartiers peut subsister : il suffit d'assurer la centralisation dans un quartier central, celui d'Isotry par exemple, placé près de la Résidence.

Tel est le schéma de ce que pourrait être l'organisation future, où l'élément indigène doit jouer à notre avis le grand rôle. Ainsi seront évités ces frais énormes de première installation administrative constituant un lourd boulet que traîne péniblement chacune de nos colonies. A Madagascar, plus que partout ailleurs, l'essai de colonisation pratique réclamé à juste titre par la grande majorité en France, est facile : il suffit pour cela, au lendemain de la guerre qui se prépare, non seulement de ne pas augmenter le budget des résidences, mais même d'*essayer de le diminuer* : c'est possible. — Administrer le pays en se servant de son organisation, en y supprimant les inutilités, toujours dangereuses et nombreuses, en y exerçant un contrôle et une surveillance étroite, voilà quel doit être le but. — Certes, il faudra dans cette tâche, ingrate au début, un homme qui ait assez d'abnégation pour l'accepter, assez d'énergie pour résister aux courants venus des autres colonies et de la métropole elle-même. — A mesure que les services organisés (douanes, enregistrement, impôts) commenceront à fonctionner normalement et seront en mesure d'assurer des recettes régulières, le budget local croîtra : alors les services reconnus nécessaires pourront être créés, le personnel augmenté, et les travaux d'amélioration entrepris.

Ainsi dirigée lentement dans la voie d'un développement progressif aux phases duquel elle doit être peu à peu préparée, la colonie de Madagascar prospérera : nous sommes convaincu qu'elle indemnisera plus tard la métropole des lourds sacrifices que celle-ci vient de s'imposer. Mais si, sous prétexte d'organisation, on détruit ce qui existe pour établir de toutes pièces une administration ruineuse dans un vaste pays qui demande d'abord a être mis en valeur, on commettra une lourde faute. Si après avoir imposé notre protectorat par la force, nous prétendons pacifier d'un seul coup les différentes peuplades pour installer dans chacune un personnel nombreux de gouverneurs ou d'administrateurs, ou de chefs de district, peu importe le titre, Madagascar deviendra le pendant de la plupart de nos colonies, c'est-à-dire un débouché payé au trop-plein, un exutoire à la pléthore des gens qu'il faut caser. C'est la ruine, et la ruine à brève échéance.

Mœurs et coutumes. — La seconde partie de ce travail comporte : 1° l'examen rapide des mœurs et coutumes des différentes peuplades ; 2° l'étude de la population dont nous aurons à nous servir, celle qui occupe le plateau central. Nous terminerons par une série de tableaux donnant l'ensemble du mouvement commercial et industriel.

La côte Ouest est, nous l'avons vu, habitée par les Sakalaves. Cette race étudiée par M. Grandidier dans ses communications ethnographiques n'a guère changé depuis l'époque où le célèbre voyageur traversait l'île de part en part dans trois itinéraires successifs, et allait jusqu'au cap Sainte-Marie visiter les Antandroy. M. Gautier, qui depuis deux ans parcourt l'ouest de Madagascar, nous a personnellement donné plusieurs fois son opinion sur les Sakalaves avec lesquels il a longuement vécu : cette opinion est celle de tous ceux qui ont pu voir ce peuple. Belliqueuse, mais sans courage, c'est une race de pillards, plutôt que de guerriers. Leur situation sur le canal de Mozambique les a mis en contact direct et constant avec les Arabes auxquels ils ont emprunté non seulement leur première organisation, mais aussi beaucoup de leurs coutumes. Au XVIII° siècle, les Sakalaves étaient constitués en deux vastes royaumes : il est souvent question du roi de la région Nord-Ouest dans les mémoires de Beniowsky. Nous avons vu par leur organisation politique actuelle comment ces vastes royaumes s'étaient émiettés en tribus. L'amoindrissement politique a dû avoir pour cause un amoindrissement moral. Les Sakalaves, en effet, n'ont pris à la civilisation que le fusil et le rhum. Incapables d'amélioration et de progrès, ils ont conservé immuable la paillotte de leurs ancêtres, où, au retour de chaque razzia, ils font bombances et ripailles. Pilleurs d'épaves sur la côte, détrousseurs de grands chemins dans l'intérieur, ils ont vendu comme esclave M. Marchal, un négociant de Fort-Dauphin ; assassiné des équipages, des voyageurs ; dévalisé des comptoirs commerciaux. Ce sont eux qui mélangés de transfuges hovas font les Fahavalo : ils allaient piller et brûler sous l'œil insouciant et impuissant des gouverneurs hova les postes établis par M. Suberbie, le directeur des mines d'or de Maevatanana.— Je ne sache pas qu'ils aient jamais exécuté aucun travail important : leur seul effort d'imagination se manifeste dans la construction des tombeaux, amoncellement de cailloux jetés entre des poteaux décorés de triangles, de losanges, et supportant à la partie supérieure des amulettes, images grossières d'animaux, cruches, pagaies sculptées, etc.

Quelle place sera réservée au Sakalave dans l'organisation future? Quels services pourra-t-il nous rendre? Le peu d'aptitudes qui le caractérise et le manque d'unité qui existe entre ses différentes tribus nous font croire que pendant longtemps il nous sera difficile de rien tirer de ces brutes. Leur haine contre les Hova peut nous servir pendant la prochaine guerre ; nous doutons cependant que nous puissions trouver parmi eux des éléments capables de marcher même encadrés. Des officiers nous ont fait le récit de tous les embarras suscités par ces auxiliaires gênants dans la campagne de 1883. Leur action peut se résumer en une phrase : lâches à l'attaque, sauvages dans la victoire. C'est bien du reste la caractéristique de leur existence. Quelques-uns, ceux du nord-ouest de Mojanga, pourront peut-être se plier aux exigences de la civilisation. Mais de Mojanga jusqu'à Morondava et de Saint-Augustin jusqu'au cap Sainte-Marie, nous aurons des voisins turbulents. Leur lâcheté et leur paresse sont les seules garanties pour l'avenir. Sous l'invasion du travail, alors que l'exploitation régulière des richesses minières de l'ouest coupera à leurs incursions la communication avec leur grenier d'abondance naturel, le nord, la race sera refoulée de l'Ambongo au Ménabé, et du Ménabé au pays des Mahafaly. Notons, en passant, que les Sakalaves sont rangés en deux grandes divisions à Madagascar : les Vezo (piroguiers) occupant le littoral, et les Masikoro, habitants de l'intérieur.

Nous passons maintenant à la côte Est. La première tribu, avec laquelle nous nous trouvons en contact dans notre territoire colonial de Diégo-Suarez est celle des Antankara qui servent de trait d'union entre les Salakaves de l'ouest et les Betsimisaraka de l'est, participant à la fois des caractères de ces deux tribus. Ils ont, en effet, l'indépendance relative mais turbulente des Sakalaves, mais comme les Sihanaka, leurs voisins de l'intérieur, ils se livrent à l'élevage. Ils possèdent de nombreux troupeaux de bœufs dont le débouché principal est Vohémar : la Société de la graineterie de Diégo-Suarez s'approvisionnait chez eux des bœufs qui lui servaient à la fabrication des conserves. Leur pays, compris entre le massif d'Antongil et celui de la montagne d'Ambre, offre de nombreuses vallées où l'altitude maintient une herbe satisfaisante pour les pâturages. Les Antankara comptaient jadis des guerriers : depuis que les Sihanaka et les Betsimisaraka se sont soumis au gouvernement de Tananarive, cette région est tranquille : ils sont cependant en relations avec les Fahavalo par les routes de Mandritsara et du nord ; ils favorisent à ceux-ci le débouché du produit de leurs razzias. A partir d'Antongil commence l'ancien royaume des Betsimisaraka, le seul dont nous ayons pu recueillir des traditions grâce aux relations de De Flacourt et de ses continuateurs. Ce royaume, qui s'étend jusqu'à Mananjary et qui, quoique partagé en plusieurs tribus dont les centres paraissent avoir été Maroantsetra, Fenerive, Tamatave, Andevoranto et Mahanoro présentant autrefois une certaine cohésion, est bien déchu aujourd'hui de sa splendeur primitive. Les descendants des chefs, même du dernier, celui de Tamatave, n'existent plus : le tombeau de Jean René pourrit dans un village désert à deux heures de son ancienne capitale. Des villages nombreux et peuplés que contenait jadis ce royaume, plus de traces. Quelques pauvres agglomérations seulement dans les anciens centres. Cultivant les riz de montagne, pour défricher, le Betsimisaraka brûle. Incapable par sa nature paresseuse et son ignorance des nécessités de l'agriculture de redonner des aliments à la terre épuisée d'autant plus vite que par la suppression des forêts les éléments fertilisants provenant de l'incendie étaient entraînés par les grandes pluies, il s'est transporté d'un point à un autre, laissant derrière lui la dévastation. Aussitôt que son territoire a été soumis à l'autorité hova, servilement il a accepté le joug du vainqueur et sa seule préoccupation depuis lors a été de travailler juste assez pour pouvoir acheter du rhum, aux blancs avec qui il trafiquait.

Abrutie par l'alcool, la débauche et la maladie, la race se consume lentement et disparaît.

Au sud des Betsimisaraka, nous trouvons les Antaïmorona. Grands, robustes, d'une intelligence bornée toutefois, mais solides et résistants, ceux-ci constituent des travailleurs dans toute l'acception du mot; ils en ont même la qualité dominante, le sentiment de l'épargne. M. Ferrand, agent de résidence à Mananjary, a publié sur cette tribu des documents intéressants : il a retrouvé même un vieux texte en caractères arabes qui contient le récit d'une ambassade envoyée par eux à Andrianampoinimerina, le souverain de Tananarive au commencement de ce siècle.

Chaque année, les Antaïmorona remontent vers le nord de l'île, le long du littoral, et vont chercher de l'ouvrage jusqu'à Diégo-Suarez. Le prix moyen de l'engagement est de 17 francs par mois, la nourriture à raison d'une mesure de riz, soit environ quatre sous par jour, étant payée en sus. Ils vivent avec cette mesure de riz : l'argent des gages reste intact, cousu dans leur ceinture et chaque année, avant la saison des pluies, le retour au pays s'effectue : ils remportent à leur foyer la marmite de fonte et la cuillère de corne, les seules dépenses qu'ils aient faites pendant la durée de leur engagement. Malheureusement ils guerroient souvent de tribu à tribu et l'appel du chef est toujours entendu. A cet appel, ils rentrent pour défendre le village attaqué et abandonnent tout, travail et gages.

Au sud des Antaïmorona habitent les Antanosy dont le pays riche et fertile autour de Fort-Dauphin, principalement dans la vallée d'Ambolo, a depuis longtemps excité la convoitise des navigateurs. Grâce au rocher qui domine le marécage, il y a là, pour une ville, une situation plus salubre que sur les autres points de la côte. Quant aux habitants, ils n'ont pu se plier encore au joug que leur font subir les gouverneurs hova. Quoique leur pays soit soumis, ils ont conservé en eux un esprit d'indépendance qui les détermine, dès qu'une exaction leur en donne le motif, à émigrer. Cette tendance qui existait déjà au temps de Flacourt (nous voyons en effet souvent, dans sa relation, les grands chefs vaincus gagner l'intérieur) les a conduits parfois jusqu'à la baie de Saint-Augustin où l'on retrouve encore des Antanosy émigrés. La tribu, du reste, a conservé ses anciens usages : la prostitution y est moins fréquente qu'ailleurs : la jeune fille jusqu'à son mariage semble se livrer moins facilement que dans les autres parties de l'île.

Nous pénétrons ensuite dans la forêt, existant d'une façon continue, sur la côte Est seulement. Elle occupe deux échelons séparés dans la plus grande longueur par l'immense et fertile plaine du Mangoro. Elle s'étend depuis le cap d'Ambre jusqu'à Fort-Dauphin, et comprend deux plateaux dont l'altitude varie de 400 à 1400 mètres.

Elle est habitée par les Sihanaka, les Bezanozano, les Tanala et des Betsimisaraka bien différents, du reste, de ceux de la côte. Disséminés dans les clairières, dans les vallées des fleuves, vivent les indigènes de mœurs différentes, mais dont l'existence, commandée par la situation, offre des points communs de rapprochement. Tous en effet se livrent à l'exploitation des ressources de la forêt. Les uns, comme les Sihanaka, les Bezanozano et les Betsimisaraka, sont soumis, seulement en apparence, à l'autorité hova, mais avec une certaine indépendance, en réalité, que leurs retraites dans les sommets élevés, à l'abri des fourrés impénétrables, leur assurent. Les autres, comme une fraction de la tribu des Tanala, sur le plateau escarpé d'Ikongo, sont absolument indépendants. Le docteur Besson, notre résident de Fianarantsoa, a pu pénétrer jusqu'à la citadelle d'Ikongo et voir le vieux roi, pour lequel tout Hova est un ennemi.

Malheureusement, la paresse est le défaut dominant dans cette région où la terre, engraissée par un amoncellement de détritus végétaux, produit abondamment et sans culture. Le Bezanozano en particulier dédaigne l'argent lorsqu'il ne veut pas travailler, et il a rarement envie de le faire. Quand la rizière a été défoncée par les bœufs qu'on y laisse piétiner pendant deux ou trois jours, lorsque le riz y a été repiqué, tranquille, accroupi sur le seuil de sa case, l'indigène de ces régions suit les progrès de ce riz : à peine se dérange-t-il au moment de la maturité pour en écarter les oiseaux à coups de fronde. Parfois dans le cours de l'année, il ira couper quelques pièces de bois qu'il transportera péniblement jusqu'au marché voisin : sa journée de travail dans ces conditions sortira à 0 fr. 10 ; cela lui suffit. Proposez-lui un franc par jour, il trouvera mille prétextes à sa paresse, que les Hovas seuls dans la proximité du haut plateau sont arrivés à secouer.

Sur ce haut plateau deux grandes tribus sont en présence : les Antaimerina et les Betsiléo, ceux-ci entièrement soumis aux premiers. La caractéristique de ces deux peuplades est : l'esprit de commerce d'une part, l'habitude de la culture de l'autre. Partout ailleurs les cases sont des paillotes, faites de bambous coupés en lanières et tressés, ou de feuilles de ravinalas juxtaposées ou superposées. La construction en terre ou briques à partir d'Ankeramadinika (frontière de l'Imerina et du pays des Bezanozano, à l'Ouest duquel il n'y a plus des forêts) remplace la paillote. L'aspect du pays est lui-même caractéristique ; des sentiers nombreux, ressemblant à de véritables routes dans les parties plates, et reliant les principaux marchés au nombre de vingt-trois, le sillonnent en tous sens. Les vallées, profondes parfois, enchevêtrées comme au hasard, sont toutes cultivées en rizières. L'eau y est amenée souvent de deux et trois kilomètres, dans un petit canal qui suit tous les flancs des coteaux et s'accroche avec quelques poignées de terre glaise aux rochers les plus abrupts. L'Ikopa, le grand fleuve qui prend sa source au sud-est de Tananarive et va se jeter dans le canal de Mozambique à Mojanga après un cours de plus de 600 kilomètres, est la grande artère vivifiante de ce plateau. Dans ses méandres endigués et divisés il détermine la vaste plaine de Tananarive.

L'indigène, outre son industrie propre et locale dont nous étudierons plus loin les produits, s'ingénie à reproduire ce qui lui vient d'Europe : il est tour à tour tailleur, cordonnier, bijoutier, etc. Attachement au sol, aptitude à la culture et aux métiers manuels, esprit commerçant, faculté d'assimilation très grande, et désir du gain, qui pousse tout le monde à travailler, hommes, femmes et enfants, telles sont ses qualités. Retors, menteur, quoiqu'il prenne tous les éléments et Dieu à témoin de ses serments, mauvais payeur par suite, tels sont ses défauts. Son excuse est que ses gouvernants, loin de lui donner l'exemple et de sévir contre ses fautes, l'ont, par leurs propres exactions, encouragé jusqu'ici à marcher dans cette voie. Il s'entend à merveille dans l'administration de ses économies; les prêts à intérêts composés (et à quel taux!) n'ont pas de secrets pour lui.

Gai, grand amateur de musique, passionné pour les palabres, beau phraseur et comédien, il recherche les distractions. Tel est le Malgache des hauts plateaux ; la race est prolifique, et les conditions hygiéniques de son existence s'améliorant, elle se développera.

Nous allons maintenant étudier plus spécialement, après ces données générales, les conditions sociales et économiques dans lesquelles vit l'indigène.

La famille. — La famille, au sens absolu du mot, n'existe que d'une façon très rudimentaire à Madagascar. Ce pays, en effet, où, il y a peu d'années encore, la polygamie était non seulement tolérée mais reconnue officiellement (le roi avait douze femmes), n'a pas encore renoncé complètement à ses coutumes primitives. Sous l'impulsion des missionnaires, le mariage a remplacé l'ancienne polygamie, mais ce mariage, qui n'est contracté que devant des prédicants malgaches avec un pastiche de cérémonie européenne, n'est lui-même qu'un pastiche du mariage réel. Avec la même facilité que deux êtres se marient, ils se quittent. Des lois existent bien, édictant des amendes pour le divorce, mais il en est de celles-là comme de toutes les autres, elles ne sont pas appliquées. L'enfant suivant, d'après les anciennes traditions malgaches, la condition de sa mère, la progéniture ne constitue ni un embarras, ni une charge. Quand la femme passe d'une maison dans une autre, elle y est suivie par ses enfants qui, le plus souvent du reste, sont reçus avec empressement par le nouveau possesseur.

Un exemple a été donné à Tananarive en haut lieu il y a quelques années. L'oncle de la reine a pris pour femme celle d'un grand personnage, descendant de la reine précédente : deux enfants issus de la première union ont trouvé place au nouveau foyer et sont depuis lors choyés par le successeur de leur vrai père. Il faudrait sans doute chercher la cause de cette coutume dans l'horreur qu'inspire aux Malgaches la stérilité : les successions sans héritiers directs retournent à l'État.

Jusqu'au mariage, toute fille est libre de son corps ; en faire usage ne constitue pas une tare : loin de là, il arrive souvent que la mère elle-même surveille d'un œil complaisant les premiers ébats de sa fille. La virginité ne constitue pas un bien, une vertu, pour la garde de laquelle la femme doit lutter. Le respect dû à l'enfance n'existe d'ailleurs pas ; gamins et gamines sont fixés dès leur plus jeune âge sur le rôle qu'ils ont à jouer pour la propagation de l'espèce et ils l'exercent dès la puberté. Lorsque, n'ignorant plus rien de la vie, pourvue même d'un ou deux enfants, la jeune femme est choisie par un individu de sa caste et appelée à être sa compagne habituelle, elle passe de suite au domicile de celui-ci qui la garde pendant plusieurs jours, parfois plusieurs semaines. Après cette séquestration, les noces se font en grande pompe généralement et avec profusion de cadeaux et de repas, au cas où les futurs conjoints se sont trouvés réciproquement à leur convenance. Dans le cas contraire, la femme reprend le domicile de ses parents ou le sien, sans que sa réputation ait à souffrir de cette épreuve, sans que son placement futur soit compromis par cet échec.

Pour les unions contractées entre personnes de caste noble, il faut l'assentiment de la reine : les deux parties viennent faire le *hasina* (tribut de soumission) au Palais.

Quand une famille n'a pas d'enfants, elle en adopte. Cette adoption est très fréquente, surtout dans l'Imerina. Elle exige une déclaration faite au gouvernement et le versement d'un droit fixe. L'individu adopté peut être un vieillard comme un enfant ; l'esclave est libre d'adopter son maître. Les personnages riches de Tananarive ont généralement plusieurs enfants d'adoption : ceux-ci les appellent père ou mère, comme si quelque lien naturel les unissait.

Contrairement aux coutumes de nos pays, où l'enfant reçoit le nom porté par le père, le père excepté s'il est Andriana ou noble à Madagascar, à la naissance d'un enfant, prend le nom de celui-ci précédé du mot Ray (père). Ainsi Rainikoto signifie : le père de Koto. Même usage existe pour la mère qui s'appellera Renikoto, mère de Koto. Cette coutume compliquerait singulièrement les registres de l'état civil au cas où ceux-ci seraient régulièrement tenus.

Comme l'adoption, la renonciation existe. Tel père

par exemple qui voudra priver son fils ou sa fille de ses droits se présente devant la reine, lui déclare publiquement son intention, et fait le *hasina* : la reine proclame la déchéance de l'héritier, et, à dater de ce jour, les liens qui pouvaient exister entre l'enfant et le père sont rompus.

L'enfant est aimé et choyé à Madagascar non seulement par sa propre famille, mais aussi par tous : il en est de même du vieillard, qu'on honore et qu'on respecte partout. Il suffit de voir la conduite des simples borizano (porteurs) à ce sujet : quand un enfant ou un vieillard se trouvent sur leur chemin, ils prendront toutes les précautions afin de ne pas les heurter, alors qu'ils ne se font aucun scrupule de bousculer les autres.

Esclaves. — A côté de la famille, vivent les esclaves dont le nombre est très élevé dans l'Imerina. Depuis longtemps (Radama I), il n'y a plus officiellement d'importation d'esclaves, mais le commerce n'en continue pas moins : à Tananarive même il en existe un marché. Toutefois, la condition de l'esclave est douce : il suffit de pénétrer dans une maison malgache et de voir les prérogatives dont il jouit près du maître pour se convaincre que son existence n'a rien de pénible. Il est chez lui, dans la maison ; il prend ses repas avec lui ; s'il gagne sa vie au dehors, il est libre d'aller où bon lui semble : il s'affranchit alors du service qu'il doit à son maître, par le paiement d'une petite somme d'argent. Nombreux, du reste, sont ceux qui, ayant de quoi se libérer, se gardent bien de le faire et évitent ainsi d'être astreints au service militaire, car l'homme libre seul peut être soldat.

Les esclaves sont divisés aussi en deux classes distinctes : 1° les mainty (noirs), appelés aussi esclaves de la reine, et qui sont pour la plupart d'anciens esclaves partagés en trois classes : les *Tsiarondahy*, les *Tsimandoa* et les *Manisotra;* 2° les esclaves proprement dits, qui se partagent en trois classes : les *Masombika Andevo* et les *Zazahova*.

Les *Tsiarondahy* sont les esclaves de l'origine, c'est-à-dire ceux qui se trouvaient à Madagascar avec leurs maîtres au moment où ceux-ci ont conquis l'Imerina. Ils possèdent des terres qui leur ont été concédées à cette époque. Les *Tsimandoa* sont les descendants d'anciens esclaves mozambiques libérés depuis fort longtemps et qui, par ce fait, ont gagné la confiance du souverain et sont chargés de porter les courriers royaux : ce sont des personnages qui réquisitionnent à volonté, sur leur route, les hommes et les choses; d'où leur nom de Tsimandoa, « qui ne paie pas ». Les Tsimanisotra sont les descendants d'esclaves affranchis au temps d'Andriamasinavalona au XVIII° siècle, et qui fondèrent une ville indépendante, soumise au commencement de ce siècle, d'où leur nom Tsimanisotra, « qui ne supplante pas ».

Les trois classes d'esclaves que nous venons de donner ont non seulement le droit de propriété, mais aussi peuvent prétendre aux fonctions de l'État; il y a quelques gouverneurs qui sont sortis de leurs rangs : ils sont en général durs et cruels.

Quant aux autres esclaves, les *Masombikas* comprennent des Cafres importés depuis le siècle dernier et les Zazahova sont des Andriana ou des Hova réduits en esclavage par suite de dettes impayées : le fils qui dissipe le patrimoine paternel subit le même sort. Beaucoup sont facilement reconnaissables à leurs cheveux lisses et plats, bien différents des cheveux laineux et crépus des autres.

Culte des morts. — Le culte des morts, dans les différentes tribus qui peuplent l'île de Madagascar, est très développé; les cérémonies qui l'accompagnent et les *monuments* qui en sont la conséquence constituent un des caractères distinctifs de cette race, composée pourtant, selon toute vraisemblance, d'éléments hétérogènes. Ce culte a pour principe la superstition. L'âme, comme chez tous les peuples primitifs, étant supposée inhérente à la matière, et résidant toujours dans la forme, les vivants redoutent les incursions du fantôme. Le défunt est donc honoré, non parce que son souvenir est cher à ses parents, mais bien parce que ceux-ci redoutent sa colère, et par suite sa vengeance : ils veulent lui assurer le bien-être.

Il en résulte que le tombeau est aménagé et pourvu de façon à pouvoir donner satisfaction à ceux qui y ont été ensevelis; les usages de la vie commune sont respectés, les ustensiles usuels y figurent, les objets rares et précieux y sont enfermés.

Comme nous aurons l'occasion de le voir pour la maison, le tombeau est orienté suivant une ligne nord-sud : par rapport à la maison ou au village, le champ des morts se trouve toujours au nord-est. — Quelques auteurs ont voulu voir dans des roches informes des tombeaux de la race primitive autochtone, les Vazimba. Nous ne partageons pas cette opinion; les rochers *Vazimba* (par extension), comme certaines roches énormes de nos pays, ont été choisis par la superstition populaire comme souvenir d'une époque légendaire : les traditions confirment ce fait.

Les plus anciens tombeaux (celui de Ralambo à Ambohidrabiby) ressemblent si parfaitement aux modernes qu'il suffit de décrire les uns pour juger des autres. Le tombeau extérieurement se compose d'un terre-plein limité et maintenu par des dalles étroites placées verticalement; la porte est à l'Ouest; à l'Est, directement opposée à la porte, se trouve une dalle plus haute que les autres contre laquelle chaque année la famille vient faire des sacrifices. La chambre mortuaire, limitée et couverte par de larges dalles de granit, comprend généralement cinq lits : deux au nord, deux au sud et un seul à l'est. Ce dernier est réservé aux grands ancêtres, c'est la place d'honneur; les descendants sont disposés sur les quatre autres. Quant aux cérémonies qui précèdent l'ensevelissement, elles sont toujours un prétexte à débauches. Le cadavre, lavé et paré, est enveloppé dans des lamba (étoffes de soie indigène). Le nombre de ces lamba varie suivant l'importance du défunt. La famille, pendant que le corps reste exposé dans la maison mortuaire, mange, boit et chante. Puis le corps est dirigé vers le tombeau familial. Si c'est un grand personnage ou un vieillard, il est immédiatement déposé à sa place, sinon on l'enferme dans un petit tombeau (une case) qui se trouve à la partie supérieure du mausolée :. ceci s'explique par le travail qu'exige l'ouverture de la porte en pierre, souvent masquée par une butte de terre. Telles sont, dans l'Imerina, les cérémonies du culte des morts. Chez les Betsiléos, elles sont sensiblement les mêmes : la superstition y joue cependant un rôle plus grand. Les funérailles sont toujours accompagnées de cérémonies fétichistes parfois répugnantes. — Les peuplades de la forêt et celles de la côte Est enferment le corps dans des troncs d'arbres ou parfois des pirogues coupées en morceaux. Ces cercueils sont abandonnés au milieu des fourrés, dont l'entrée dès lors est interdite. — Enfin, chez les Sakalaves de la côte Ouest, on entasse au-dessus du cercueil des pierres encaissées dans une cage de pieux. Sur la plate-forme sont déposés des objets de toutes sortes.

Idée de Dieu. Religion. — L'idée de Dieu, du Créateur, *Zanahary*, existait chez les Malgaches avant l'arrivée des missions : elle se dégage dans certaines légendes, et, comme le dit fort justement le P. Abinal dans son ouvrage « Vingt ans à Madagascar », « on parvient à retrouver, quand on considère les divers points sur lesquels s'accorde la croyance populaire, le vieux fond de la religion primitive et monothéiste, corrompue postérieurement par les pratiques superstitieuses de l'idolâtrie et du fétichisme ». Mais ce serait une erreur d'en conclure que le Créateur a été adoré à Madagascar sous une forme quelconque. Le nom existe, le culte est inconnu. Superstitieux et fétichiste, tel est absolument le Malgache. Du reste, le principe de ce Dieu créateur étant la bonté, serait-il logique de la part de cette race primitive de lui rendre hommage et de l'honorer? Les peuples, dans les premières étapes de la civilisation, ont surtout le culte des mauvais génies : ceux-là seuls, en effet, dangereux par leur puissance mystérieuse, exigent des sacrifices que leurs adorateurs multiplient pour les apaiser. Or, l'idée de l'immortalité de l'âme et des châtiments futurs n'existant pas, tous les mobiles étant ramenés à l'existence ici-bas, ce sont les fétiches et leurs sorciers qui inspirent aux indigènes la crainte immédiate et toujours menaçante.

Dans certaines tribus de la côte Est et de la côte Ouest (Antaimorona, Sakalava), le contact prolongé avec les Arabes a permis à la religion mahométane de laisser des traces : ces peuplades ont, en effet, la tradition d'une genèse défigurée. Mais chez tous les autres indigènes, et en particulier ceux du Plateau central, les fétiches Ramahavaly, Rafantaka, Kelimalaza, etc., ont été en honneur jusqu'à l'époque récente où, honteux d'exposer au grand jour des pratiques aussi primitives, condamnées, et raillées surtout par les Européens, les Malgaches ont répudié en apparence leurs erreurs passées. Mais les racines de cette superstition sont profondes, et la conversion n'est que superficielle. Tout comme jadis, les sorciers et les devins troublent l'esprit de cette population craintive et exploitent ses terreurs. Le Premier ministre, chef du protestantisme anglo-malgache, ne consulte-t-il pas encore les oracles? Si les réponses de ceux-ci ne donnent plus lieu, comme sous la reine Ranavalona I, à des sacrifices humains, la cause en est à la crainte que nous, étrangers, nous leur inspirons; mais souvent, j'en suis sûr, après la réponse d'un *mpisikidy*, plus d'un grand personnage a dû regretter que notre présence l'empêche de recourir à la satisfaction des vieilles pratiques de ses ancêtres. La rumeur publique accuse même l'un d'eux de ne pas avoir renoncé encore aux sacrifices humains.

En dehors des fétiches (sampy), les Malgaches reconnaissent comme *fady* ou *tabou* certains animaux : ce culte existe par tribus seulement, quelquefois même exclusivement par castes. Ainsi, les Andriamasinavalona s'interdisent de tuer l'alouette (*Tsirohitra*); les Betsimisaraka respectent le *Babakoto*, grand lémurien de la forêt; les Sakalava font des pactes avec les crocodiles (*memba* ou *voay*); les Bara ont en grand honneur le sanglier, *lambo*. Mais ces coutumes se perdent, et les chasseurs aujourd'hui ne se font pas scrupule de traiter les amis de leurs ancêtres comme un vulgaire gibier.

La seule superstition qu'on peut conseiller au voyageur de respecter est celle du *vazimba*. Un bois, une montagne, peut être vouée aux *vazimba*, c'est-à-dire sacrée. En violant de parti pris cette superstition, on s'expose parfois à la rendre plus vivace : les moindres accidents qui peuvent survenir étant toujours interprétés dans ce cas comme une vengeance du mauvais génie. Nous en avons eu plusieurs exemples à Tananarive, et dans vingt, dans cinquante ans, les indigènes citeront encore le cas de M. X. ou de M. Z., qui a été affligé d'une entorse ou d'un coup de soleil par le *vazimba* de tel village, irrité contre lui. Du reste, en ce pays sauvage, il faut une cause surnaturelle à tous les événements inattendus : toute personne à Madagascar qui meurt de mort subite a été victime du poison ou de la sorcellerie. Le règne de la cruelle Ranavalona n'a pas peu contribué à abaisser l'esprit indigène dans cette imbécillité terrifiée.

Habitation. — 1° *Sur les côtes.* — La seule demeure est la paillotte, construite en bois, en bambous, et couverte en feuilles de *ravinala* ou en chaume. Cette paillotte, d'une longueur moyenne de 5 mètres sur 3 mètres de largeur, est une habitation agréable dans ces pays chauds. Même pendant les violents orages, l'étanchéité est parfaite. Elle est élevée au-dessus du sol de $0^m,60$ environ : dans la région forestière, cette hauteur est portée parfois à

1ᵐ,50. Le foyer, encadré par des pièces de bois, comporte 3 ou 5 pierres destinées à recevoir les marmites. Les portes (les fenêtres n'ont aucune raison d'être) se composent de côtes de ravinala[1] (feuilles d'arbre) maintenues par des tiges de bois minces qui les traversent et auxquelles elles sont attachées. La case est faite par l'indigène lui-même : ses voisins lui viennent en aide, à charge de revanche du reste.

2° *A l'intérieur.* — La case est soit en planches (anciennes cases), soit en terre battue, ou en briques séchées au soleil, soit enfin en briques cuites. Nous avons fait remarquer plus haut que son orientation était absolument déterminée. Le plan et la structure sont aussi commandés par des règles de sorcellerie, dont voici la base :

Pour se coucher, il faut avoir la tête au nord : donc, le coin nord-est de la maison est celui réservé au lit.

Partant de ce coin nord-est, qui porte le nom de la phase de la lune considérée comme la plus propice, Alahamady, et donnant aux 3 coins le nom des autres phases principales : Asorotany, Adimizana, Adijady, les murs sont partagés en trois parties par deux phases secondaires : Adaoro, Adizaoza, à l'Est; Alahasaty, Asombola, au Sud; Alakarabo, Alakaosy, à l'Ouest; Adalo, Alohotsy, au Nord. En tout, 12 emplacements, qui correspondent aux douze mois de l'année lunaire. Adizaoza est la place réservée à la grande jarre qui contient l'eau; Asorotany est le coin du parc aux volailles; Alohotsy est la place du veau, qu'on rentre

---

1. Le ravinala ou arbre du voyageur, sorte de bananier dont les feuilles sont disposées en éventail, croît principalement dans la zone chaude, basse et marécageuse des côtes.

tous les soirs; Asombolo marque l'emplacement du mortier à riz; Adimizana (S.-O.) est de mauvais présage et reste vide; Alakarabo indique la porte; Alakaosy est la place d'honneur du souverain; Adijady limite la fenêtre; Adalo est la place d'honneur réservée aux hôtes; Alohotsy sert de *buffet* pour les cuillères et les assiettes. Ces emplacements sont immuables: on peut entrer dans la première case venue: les objets énoncés ci-dessus se trouveront à la place qui leur a été affectée, sans que jamais le propriétaire de la case *se permette aucune infraction à la règle*.

Vêtement. — Si dans Tananarive, le costume européen est porté aujourd'hui par de très nombreux Malgaches, les indigènes, en général, ont gardé le costume primitif, qui se compose essentiellement pour les hommes d'une pièce de toile roulée autour de la ceinture et passant entre les cuisses, et d'un lamba, pièce d'étoffe qui varie suivant les régions et la richesse de l'individu, et dans laquelle il se drape comme dans une toge. La coiffure est soit une calotte de jonc tressée, soit un chapeau de paille de riz fabriqué à Tananarive. Pour les femmes, ce costume se compose, sur les Hauts-Plateaux, d'un akanjo, sorte de longue chemise flottante; d'un petit corsage étroit sur la côte et, partout, du même lamba que pour les hommes. Les ornements primitifs étaient des colliers de perles ou d'argent aux pieds et aux mains: ces ornements ont été remplacés, sur la côte par des boucles d'oreille et des colliers d'argent ou d'étain; à l'intérieur, par les mêmes objets en or ou en cuivre.

Les étoffes fabriquées dans le pays (lamba de rafia, de coton, de soie, etc.), exigeant un long travail de tissage et revenant par suite à un prix élevé, les étoffes européennes sont partout employées par les indigènes. Sur les côtes, l'étoffe usitée est la guinée ou conjon (toile bleue); à l'intérieur, les cotonnades, indiennes, soieries, etc.).

Nourriture. — Si l'on excepte certaines peuplades de la côte Ouest qui se nourrissent exclusivement de maïs ou de manioc, la base de la nourriture pour les Malgaches est le riz. Celui-ci, bouilli à l'eau, est mangé avec des condiments cuits à part, tels que brèdes (morelle), poisson, bœuf, porc, volaille, etc.). Le nombre de ces plats accessoires va jusqu'à vingt dans certaines familles riches de la capitale. La boisson habituelle est l'eau, bouillie dans la marmite où a cuit le riz.

Denrées et produits indigènes. — Pour terminer, il nous reste à énumérer les différentes denrées ou les produits de l'industrie, d'origine indigène, en vente sur les marchés de l'intérieur. Comme légumes : riz, patates, manioc, songes, haricots, pommes de terre. Comme fruits : mangues, ananas, oranges, bibasses, goyaves, raisins, pêches, café. Comme céréales: le blé, en petite quantité encore. Produits de l'élevage : bœufs, porcs, moutons, chèvres, volailles de toutes espèces.

L'industrie locale exploite ou produit de la poterie, les briques, tuiles, pierres, chaux ; les objets de corne, cuillères surtout, exportés dans toute l'île; le fer sous forme de barres, lingots, bêches, lances, couteaux, haches, clous, etc.; le bois, comme poutres, planches, mortiers, vases pour le riz, objets divers de menuiserie et d'ébénisterie; les fibres de rafia et de chanvre en cordages et étoffes connues sous le nom de rabanes; la soie en cocons ou tissée; les nattes et objets divers de vannerie; les sacoches, ceintures, sandales et produits ouvrés du cuir.

Conseils à un voyageur arrivant à Madagascar. — A Tamatave, des hôtels existant, il nous semble inutile de donner des renseignements au sujet de l'installation : sur les différents points de la côte, le plus simple est d'acheter à un indigène une paillotte, dont le prix varie de 25 à 60 francs suivant la grandeur et l'état : les nombreux traitants établis de tous côtés pourront donner à ce sujet tous les renseignements désirables au nouvel arrivant. Mais à Tananarive, il en est tout autrement. En 1894, il n'existait ni hôtel, ni restaurateur; ceux-ci ne pouvant se créer du jour au lendemain, il est donc préférable que chacun soit en mesure de trouver lui-même son gîte et sa nourriture. — Les maisons, étant toutes construites non pour satisfaire aux besoins du propriétaire, mais simplement à son orgueil, comprennent toujours des chambres inoccupées.

On trouve donc partout des chambres à louer : toutefois les mieux aménagées (elles ont déjà été habitées par des Européens) existent sur la grande voie centrale qui partant d'Isotry monte jusqu'à Andohalo. Le prix d'une chambre varie de 2 fr. 50 à 15 francs par mois.

Quant aux maisons, la moyenne de loyer mensuel des habitations ordinaires est de 50 francs : celle des maisons situées aux environs de la place d'Andohalo ou sur cette place même, réputée autrefois comme centre du mouvement, peut monter jusqu'à 100 francs.

Quelques maisons à l'usage du commerce, c'est-à-dire avec magasin ou rez-de-chaussée, s'échelonnent entre Ambatovinaky et Isotry : leur loyer est en général très élevé.

Tous les logements dont nous venons de parler sont sans jardins, étant « en ville ». Celui qui voudra quelques arbres et des fleurs devra choisir entre quatre quartiers : Analakely, Amparibé, Mahamasina, ou Soraka. Le loyer de ces maisons est sensiblement le même que celui des habitations ordinaires. — Puisque nous parlons de jardin, mentionnons la création par les indigènes de potagers près des rizières du sud et de l'est de la ville, ce qui permet d'avoir les légumes indispensables : carottes, poireaux, choux, navets, céleri, tomates, aubergines, persil, radis, haricots.

Les loyers se font généralement pour une période d'un mois : la maison pourvue de meubles n'existe pas, même à Tananarive. Mais on trouvera au Zoma (marché qui se tient le vendredi) des lits très suffisants pour 4 à 6 francs, des matelas de rabannes remplis de fibres de roseaux, à 1 fr. 25 l'un, des oreillers et des coussins à 0 fr. 30 l'un, une table pour 5 francs, une table de toilette pour 2 francs ; un guéridon 1 fr. 50, des chaises à 3 francs, une armoire à 15 francs. On pourra prendre des nattes coûtant de 0 fr. 40 à 1 fr. 25, suivant la grandeur et la finesse. A l'extrémité du marché, sur la route d'Isotry, on vend des couteaux, de la faïence d'importation, des ustensiles en fer-blanc de toutes sortes pour la cuisine et la toilette.

Quant à la construction, voici quelques renseignements nécessaires. Une petite case, une maison de dimensions restreintes, pourront être faites avec les moyens en usage dans le pays. Un grand bâtiment industriel, une usine, ou une maison d'habitation spacieuse exigeront des améliorations dans les matériaux et les procédés de travail employés. Dans tout travail, une surveillance constante est nécessaire.

La brique crue coûte 2 francs le mille.

Pour une construction sans étage, bâtie avec cette brique et mortier d'argile, couverte en toit de chaume avec bambous et chevrons, le mètre superficiel de surface couverte revient à peu près à 12 francs.

La construction en briques cuites, à fondation de moellons, avec une assise en pierre de taille isolant le pied des murs, un trottoir en carreaux de terre cuite (indigènes), une vérandah de 2 mètres faisant le tour de la maison, supportée au rez-de-chaussée par des piliers de briques, au premier étage par des poteaux de bois, rez-de-chaussée surélevé et carrelé; premier étage avec plancher — plafonds en terre, passés à l'argile blanche; grenier avec sol garni d'argile, excellente précaution contre la pluie et l'incendie ; charpente en bois légère, tuile indigène à écailles, gouttières et noues en fer-blanc, est la seule construction vraiment recommandable.

Les murs d'enceinte peuvent être faits en pisé : le prix de revient est de 1 fr. 50 le mètre courant sur 2 mètres et plus de hauteur.

Le prix de la construction décrite ci-dessus est d'environ 50 francs le mètre de surface couverte.

La journée du menuisier vaut 0 fr. 90
— briquetier — 0 fr. 80
— forgeron — 1 fr. 00
— crépisseur — 0 fr. 60
— ferblantier — 1 fr. 25

La brique cuite coûte 18 à 22 fr. le mille rendu à pied d'œuvre.

La tuile coûte de 17 francs à 25 francs le mille rendu ; 80 au mètre superficiel.

Les carreaux coûtent 25 à 30 francs le mille rendu ;

Les planches de 2 mètres sur 0^m,20 valent de 0 fr. 60 à 0 fr. 80 la pièce. Se méfier de l'épaisseur, presque nulle au milieu.

Les solives de 4 à 6 mètres valent de 1 fr. 60 à 2 fr. 50.

Les chevrons reviennent à 0 fr. 20 le mètre linéaire.

Les voliges sont remplacées par des bambous dont le cent vaut 1 fr. 25.

La chaux, de fabrication européenne, est d'un prix très élevé, elle valait 95 francs le mètre cube !

Les clous se vendent à raison de 0 fr. 20 à 0 fr. 40 le cent suivant la grosseur.

Quant aux ouvriers, le rendement du travail fourni par eux doit être estimé au tiers de celui produit par un ouvrier de France.

COMMERCE ET INDUSTRIE

Nous avons pensé que le meilleur moyen de mettre le lecteur au courant de ce qui a été fait jusqu'ici à Madagascar et d'indiquer ce qui pourrait être fait au point de vue commercial et industriel était de réunir dans des tableaux synoptiques les différents documents recueillis jusqu'à ce jour. Nous avons eu recours pour cela aux statistiques fournies par le contrôle des douanes, et à l'annuaire publié en 1894 à Tananarive à l'imprimerie du Progrès de l'Imerina, travail sérieusement et consciencieusement fait. Dans certains cas, nous avons corrigé ou complété à l'aide de nos renseignements personnels. Il sera bon de remarquer toutefois que, ainsi que nous l'avons constaté en étudiant le fonctionnement du service des douanes, les chiffres recueillis dans ces statistiques représentent la moitié à peine de la valeur des marchandises importées ou exportées : nous ne signalerons pas à nouveau les causes de ces erreurs : elles nous permettent d'affirmer par les exemples que nous avons eus sous les yeux à Tamatave, que le chiffre du commerce entrant et sortant n'a certainement pas été, en 1893, inférieur à 20 millions. Les cotonnades seules, étant donnée la consommation qui s'en fait dans l'île, entrent dans ce chiffre pour plus de 8 millions.

Personnellement, nous croyons au développement rapide et à la prospérité de la culture à Madagascar. La vanille et le cacao sur les côtes, le café à l'intérieur nous garantissent un bon résultat sur ces points : le café à lui seul peut et doit être une source de richesses. Viennent ensuite l'élevage : depuis longtemps Madagascar approvisionne de bœufs Maurice et La Réunion ; les longues et fertiles vallées qui précèdent ou sillonnent le plateau central, les pâturages des Sihanaka et des Tanala sont de vastes champs où les bestiaux avec un climat tempéré trouvent une herbe abondamment arrosée. Restent enfin les mines et en première ligne l'or qui environne Tananarive d'une large ceinture dont les ramifications s'étendent très loin dans le sud. Peut-être cette zone se relie-t-elle sous le canal de Mozambique à celle de l'Afrique du sud : le pic des mineurs résoudra le problème sur la terre malgache et mettra à nu tout ce que la cupidité réfléchie du gouvernement de Tananarive a caché jusqu'à présent avec soin aux yeux de l'étranger.

Certes, Madagascar demande des colons ; mais espérons que les nouvelles idées en cette matière, qui commencent à se faire jour, détermineront des gens de métier et ayant quelque argent devant eux à aller, non y chercher fortune, mais s'y créer lentement et sûrement, par un travail constant, une aisance qu'ils auraient de la peine à acquérir aujourd'hui en France, tout en menant l'existence large et indépendante que comporte la vie de ces pays chauds. C'est une grave erreur, qui souvent a porté préjudice à nos colonies, que de croire qu'il suffit, sous les tropiques, de planter et de regarder pousser : le labeur est âpre parfois, et réclame l'activité et l'énergie ; les problèmes à résoudre sont nombreux, même lorsqu'un apprentissage d'une ou de plusieurs années a écarté ceux du domaine purement matériel, conditions climatériques, étude du sol, etc. La main-d'œuvre est moins chère que dans nos pays, c'est vrai ; mais pour se la procurer, et surtout pour la garder, quelle patience il faut parfois, doublée de justice et de force ! La grêle (sauf dans certaines parties du centre) et la gelée sont inconnues ; mais les cyclones, les simples ouragans ! Nous ne voulons pas, par ces quelques lignes, décourager les bonnes volontés : nous souhaitons, au contraire, les affermir en les préparant à la lutte.

Avant de partir, que chacun, suivant le principe du vieil Horace, soupèse le fardeau et cherche si ses épaules sont en état de le porter : voilà notre seul désir. L'insuccès dans ces pays lointains ruine les énergies les mieux trempées ; le moral est vite atteint et livre plus sûrement passage à la fièvre. Que de fois celle-ci naît-elle d'une simple contrariété ou de préoccupations trop vives ! Nous avons donné à ceux qui veulent partir tous les renseignements qu'une expérience de cinq ans vécus dans la grande île, nous a permis de recueillir; nous leur disons en terminant : « Ne partez pas sans bien savoir vers quel but doivent être dirigés vos efforts, sans vous être assuré tous les moyens d'y parvenir. Ne vous laissez pas tenter par l'inconnu et le charme mystérieux de ces régions lointaines, que des voyageurs faisant une route rapide, une course au kilomètre, ont vues souvent à travers le mirage de leur imagination; mais sondez bien cet inconnu et tâchez d'en résoudre le problème. Alors, si vous vous sentez robuste et solide dans votre foi et dans vos forces, partez, et bon courage! »

RENSEIGNEMENTS UTILES

Indépendamment des renseignements généraux contenus dans les lignes précédentes et les tableaux synoptiques annexés, il nous semble nécessaire de donner au voyageur des renseignements particuliers sur les mesures à prendre par lui pour assurer l'exécution et le succès de son voyage. Le voyageur, qui se rend à Madagascar, peut appartenir aux trois professions ci-contre : explorateur, soldat, colon ; dans cette dernière catégorie, nous rangerons également le fonctionnaire. Nous pensons qu'en résumant dans une série de conseils précis les renseignements que notre expérience personnelle nous a fournis, chacun pourra trouver dans ces paragraphes ceux qui lui conviennent plus particulièrement.

Époque du départ. — La mer Rouge, constituant la période la plus pénible du voyage, surtout pour ceux qui n'ont pas encore été dans les pays chauds, il est bon de choisir de préférence les mois de février, mars, avril pour faire cette traversée. En partant à cette époque on arrivera à Madagascar au commencement de la bonne saison, les pluies prenant fin vers le mois de mars. Les départs des paquebots des Messageries maritimes ont lieu le 3 et le 12 de chaque mois de Marseille ; ceux de la Compagnie havraise péninsulaire quittent Marseille le 23. Par le paquebot du 3 on suit la ligne d'Australie jusqu'à Mahé, où l'on prend la ligne de la Réunion, Tamatave, etc. Les paquebots d'Australie sont installés avec un confort et un luxe beaucoup plus grands que ceux de l'autre ligne, qui sont, pour la plupart, d'anciens steamers de la ligne de Chine. Consultez, pour les prix de transport (voyageurs et marchandises), le Guide officiel du passager, que la Compagnie des Messageries délivre dans ses bureaux de la rue Vignon, n° 1. Les prix de la Compagnie havraise sont sensiblement moins élevés, mais le confort n'atteint pas le luxe des autres : les derniers paquebots construits par cette Compagnie, du type *Ville-de-Paris*, *Ville-de-Metz*, etc., présentent cependant une installation qui ne laisse rien à désirer.

Objets à emporter. Emballage. — Il est nécessaire ici de faire une distinction entre le voyageur qui doit parcourir les côtes ou y séjourner, et celui qui se dirige immédiatement vers l'intérieur, pour les vêtements du moins.

CÔTE

12 costumes toile blanche (drill) à col montant avec boutons mobiles ;
4 costumes toile bleue ;
6 mauresques (pantalons et blouses amples en indienne) ;
2 costumes flanelle légère ;

1 vêtement noir léger;
1 caoutchouc;
2 paires souliers légers;
2 paires espadrilles fortes;

INTÉRIEUR

2 costumes toile blanche (drill) col non montant;
3 mauresques;
4 costumes flanelle;
2 costumes de drap demi-saison;
1 vêtement noir;
2 caoutchoucs forme pèlerine;
1 tablier caoutchouc ou un puncho;
2 paires souliers forts, lacés;
1 paire souliers légers. Espadrilles.

CÔTE ET INTÉRIEUR.

1 casque dit d'ordonnance;
1 casque rond, épais, en aloès; plusieurs chemises de flanelle[1];
2 ceintures de flanelle;
1 pardessus léger;
1 chapeau de feutre mou (double aérifère), à larges bords;
1 casquette de voyage;
Foulards, etc.

COUCHAGE

1 couverture de laine chaude, mais légère;
1 lit de camp pliant : les meilleurs sont de la forme lit de sangle, ou hamac à 6 piquets;
1 oreiller caoutchouc se gonflant par insufflation;
1 moustiquaire de 2 mètres sur 1 mètre et 2^m,50 de haut.

---

1. Cette liste ne comporte pas l'énumération des vêtements, linge et objets qu'on emporte dans les voyages ordinaires : elle précise seulement les objets nécessaires, particulièrement et spécialement, à Madagascar.

USTENSILES CUISINE ET TOILETTE

1 poêle, 2 casseroles émaillées (1 moyenne et 1 grande), 1 petite cafetière, 1 bol, 3 assiettes plates, 2 assiettes creuses, 1 gobelet, le tout en tôle émaillée ; 2 couverts, 2 petites cuillères ; 1 cuvette tôle émaillée, 1 tube en caoutchouc, 1 fanal à pétrole, 1 bougeoir ; 1 petite table en bois, pliante en X, 1 pliant, 1 filtre[1], 1 moulin à café, forme arabe.

Quant aux provisions de bouche, le voyageur trouvera soit à Tamatave, soit à Mojanga le nécessaire.

L'emballage devra être réparti dans des caisses d'un poids maximum de 50 kilos et de dimensions réduites : l'intérieur de ces caisses sera doublé de zinc soigneusement soudé, l'extérieur sera peint. Mettre dans une malle à part, ou plutôt une valise recouverte d'une enveloppe imperméable, tous les objets dont on pourra avoir besoin en route ; enfermer, dans un sac de toile peinte ou goudronnée, le lit, la couverture, la moustiquaire, l'oreiller, des effets de rechange, un fusil de chasse et des cartouches, le tout d'un poids relativement faible, afin que le porteur chargé de ce paquet soit toujours à proximité du filanjana. Mettre dans des corbeilles de jonc les ustensiles de cuisine et de toilette indispensables et s'arranger toujours pour avoir un repas froid ou des conserves dans l'une des corbeilles. Avec ces deux colis, le sac et les corbeilles, le voyageur n'ayant pas à attendre ses bagages ne perdra pas de temps en route.

Après avoir formé son convoi sur les bases que nous avons indiquées dans le tableau relatif aux

---

1. Ces quantités fixent un minimum.

moyens de transport, régler ses étapes de façon à faire le matin la plus longue course, les porteurs marchant moins vite dans la journée. Ne leur donner, pendant les deux premiers jours au moins, que leur nourriture, à raison de 0 fr. 20 par homme, de façon à éviter les défections. Rendre le « commandeur » responsable de toute défection ou de la perte d'effets. Pour les routes par Tamatave et Mojanga, il suffit d'indiquer à ce commandeur le nombre de jours qu'on veut consacrer au voyage : il règle les étapes en conséquence et se charge de préparer les cases. L'hospitalité étant une qualité générale parmi les indigènes à Madagascar, le voyageur ne devra pas s'étonner si dans chaque gîte il trouve une case préparée par les soins du commandeur pour le recevoir. En cas de discussion, il devra même exiger qu'on lui donne cette case : aux yeux de tous les habitants du village il sera dans son droit. La gratification à donner au propriétaire est généralement de 0 fr. 60 pour la case où l'on prend le repas de midi ; et 1 franc pour celle où l'on couche. Quant aux porteurs, dès qu'ils ont reçu leur nourriture, il n'y a plus à s'en occuper : s'ils demandent des avances en route, les leur donner, mais sans que le chiffre de l'argent avancé dépasse le sixième du salaire total qui doit leur être versé à l'arrivée, au terme du voyage. Après une étape pénible, ou mieux, au milieu d'une étape pénible faite le matin, on donne aux porteurs une gratification dont le maximum est de 1 fr. 25 pour la totalité des hommes. L'indigène étant d'un naturel méfiant, la gaîté suffit pour se le concilier ; mais comme, d'autre part, les défauts du nègre, et en particulier la paresse et l'insolence, pourraient répondre rapidement aux bontés qu'on aurait pour lui, il faut toujours être en garde soi-même et ne laisser passer aucune faute.

Une des premières conditions pour réussir un voyage à Madagascar est de parler la langue. La défiance naturelle à l'indigène tombe vite quand il entend le nouvel arrivant s'exprimer dans la langue du pays, même d'une façon rudimentaire. Il sera donc indispensable à toute personne qui doit voyager à Madagascar d'apprendre à bord (et les journées de la traversée sont assez longues pour qu'on prenne à cœur ce travail), dans un vocabulaire, le plus grand nombre possible de mots usuels et de phrases toutes faites[1].

A l'arrivée à Tananarive ou au but du voyage, celui qui doit habiter le pays, agriculteur, commerçant, éleveur, mineur ou industriel, fonctionnaire, fera bien de recueillir pendant huit jours, conformément aux indications que nous avons mises dans les tableaux spéciaux, des renseignements sur le point où il doit aller s'établir, et surtout il sera prudent de sa part de ne pas parler de ses projets aux indigènes avant d'avoir obtenu tous les renseignements nécessaires. La méfiance naturelle dicterait à ceux-ci des réponses dilatoires ; ils s'efforceraient même peut-être de détourner l'arrivant en le décourageant. Les naturels ont été habitués pendant si longtemps, par suite des exactions de la corvée, à considérer les ressources du sol comme une calamité plutôt qu'une richesse ! Chacun devra donc voir par lui-même ce que renferme la région où il se trouve, et étudier les moyens d'action dont il pourra

---

1. *Cours pratique de langue Malgache*, par le R. P. Rahidy, de la Mission de Madagascar. 3 vol. in-16, Paris, 1895. (J. André et Cie).

disposer. Quand il en arrivera aux transactions, il lui sera nécessaire de bien se persuader que le temps n'est rien pour le Malgache, et que chaque discussion exige une patience à toute épreuve pour aboutir à une conclusion. C'est une lutte morale, qu'il aura à soutenir dans les débuts : une fois l'installation faite et le pied pris dans la population, il devra se conduire à l'égard de celle-ci comme avec les porteurs de la route, c'est-à-dire faire constamment preuve de bonté sans faiblesse, de fermeté sans brutalité.

TABLEAU N° I

MARCHANDISES D'EXPORTATION. — LEUR VALEUR
POINTS OU SE FAIT LE COMMERCE
CHIFFRES DES EXPORTATIONS
MOUVEMENT DES BATEAUX A TAMATAVE

TABLEAU N° I

MARCHANDISES D'EXPORTATION. — POINTS OU SE FAIT LE COMMERCE. — LEUR VALEUR

PRIX MOYENS A LA COTE

	Piastres			Piastres
Cire.	100 l. 19 »	Cuirs verts . . .	100 l.	1 50
Caoutchouc au sel	— 26 »	Riz décortiqué . .	—	1 25
— citron	— 26 »	Riz en paille . .	—	0 66
— à l'acide.	— 30 »	Rafia	—	4 »
Cuirs secs	— 4 75			

PRIX MOYENS DE L'INTÉRIEUR

	Piastres			Piastres
Peaux de bœuf sèches et salées .	100 l. 2 64	Mouton	la p.	0 55
Peaux de mouton.	100 p. 11 50	Chèvre	—	0 60
Rabannes	100 p. 13 22	Café décortiqué .	100 l.	18 »
Soie malgache effilée en écheveaux	la l. 1 56	Cire.	—	15 50
Saindoux	100 l. 6 50	Poulet ordinaire .	—	0 06
Bœuf maigre. . .	la p. 6 »	Poulet gras . . .	—	0 12
Bœuf gras	— 14 »	Canard	—	0 10
		Oie grasse. . . .	—	0 25
		Dinde.	—	0 30

INTÉRIEUR DE L'ILE

Tananarive, 80 000 habitants.
Rabannes, bœufs, moutons, café, soie, volaille, saindoux.

Ambatondrazaka.
Café, peaux de bœufs, cire et caoutchouc.

Suberbieville.
Or.

Maevetanana.
Peaux de bœufs, rabannes, riz, café.

Fianarantsoa.
Cuirs, cire, caoutchouc, café.

COTE EST

Vohémar, 6 000 habitants.
Bestiaux.

Sahambavany.
Riz.

Antalaha.
Caoutchouc et gomme copale.

Maroantsetra.
Bois d'ébénisterie.

Fénérive.
Riz, caoutchouc et rafia.

Tamatave, 12000 habitants.
Bœufs, caoutchouc, cire, cornes, crin végétal, cuirs, rabannes, rafia, riz, sucre, divers.

Andevoranto, 2000 habitants.
Barre impraticable.
Cuirs, rabannes, rafia.

Vatomandry, 3000 habitants.
Desservi par Castle-line.
Rafia et cire, vanille, cacao.

Mananjary, 4000 habitants.
Cire, caoutchouc, cuirs, riz, rafia, gomme copale.

Mahanoro, 6000 habitants.
Riz, cuirs, cire, gomme copale, caoutchoucs et sacs vides, vanille.

Mahéla, 2500 habitants.
Riz abondant, cire et caoutchouc.

Tsiatosika.
Riz abondant.

Sasihanaka.
Caoutchouc, cire et cuirs.

Matitanana.
Caoutchouc, cire et cuirs.

Farafangana, 12000 habitants.
Caoutchouc abondant, cire et cuirs.

Vangaindrano, 9000 habitants.
Cuirs et caoutchouc.

Manambondro, 7000 habit.
Caoutchouc.

Fort-Dauphin, 2000 habitants.
Caoutchouc.

Sainte-Luce.
Caoutchouc et bois d'ébénisterie.

Andrahombé.
Orseille, tortues de mer et caoutchouc.

EXPORTATIONS DES DIFFÉRENTS PORTS DE LA COTE EST

pendant le 1er semestre 1893 où les droits ont été régulièrement perçus.

Ports.	Nationalités.	Totaux.
Tamatave	Français...	431 450 70
	Anglais...	1 227 464 27
	Américains.	99 822 50
	Allemands..	536 053 25
		2 294 790 72
Vatomandry	Français...	24 718 »
	Anglais...	192 781 »
	Américains.	»
	Allemands..	12 488 »
		229 987 »
Fenerive	Français...	12 909 »
	Anglais...	33 810 »
	Américains.	»
	Allemands..	»
		46 719 »
Vohémar	Français...	»
	Anglais...	125 619 90
	Américains.	»
	Allemands..	»
		125 619 90
Mananjary	Français...	20 207 10
	Anglais...	352 068 60
	Américains.	58 399 10
	Allemands..	35 923 10
		466 597 90
		2 697 116 62
	Total général.	3 463 714 52

Nota. — Les ports ci dessus étant les seuls où un contrôleur des douanes ait été placé, il n'a pas été fait de statistique pour les autres. Les chiffres ci-dessus ne représentent qu'un semestre de l'année 1893.

COTE OUEST

Mojanga, 6 000 habitants.
Cuirs et peaux, caoutchouc, rabannes, rafia, cire, café.

Maintirano, 10 000 habitants.
Caoutchouc, riz, manioc.

Tsimanandrafozana.
Caoutchouc, cire, bois et bœufs.

Morondava.
Caoutchouc.

Nosy-vé.
Caoutchouc, bois, carets et trépangs, orseille, pois du Cap, bœufs, moutons et chèvres.

Tuléar.
Caoutchouc, bois, carets et trépangs, orseille, pois du Cap, bœufs, moutons et chèvres.

Bélo.
Caoutchouc, bois, carets et trépangs, orseille, pois du Cap, bœufs, moutons et chèvres.

Salara.
Caoutchouc, bois, carets et trépangs, orseille, pois du Cap, bœufs, moutons et chèvres.

Itampolo.
Orseille et caoutchouc.

Lanirano.
Caoutchouc.

Baie des Masikoro.
Orseille, trépangs, caoutchouc.

Ampalaza.
Caoutchouc, tortues de terre.

Cap Sainte-Marie.
Orseille et tortues de terre.

EXPORTATIONS DES DIFFÉRENTS PORTS DE LA CÔTE OUEST

Ports.	Nationalités.	Totaux.
Majunga	Français...	438 090 10
	Anglais...	»
	Américains.	62 584 »
	Allemands...	»
		500 674 10

Nota. — *Mêmes remarques que pour la côte Est.*

MOUVEMENT DES BATEAUX A TAMATAVE

Nationalités	Nombre	Tonnage
Français..	73.	88 310
Anglais...	106.	90 537
Américains.	3.	1 781
Arabes...	3.	85
Allemands.	6.	3 625
Danois...	2.	344
Norvégien..	1.	747
Hovas...	2.	102
Total...	196	185 531

TABLEAU N° II

MARCHANDISES D'IMPORTATION. — LEUR VALEUR

POINTS OU SE FAIT LE COMMERCE

CHIFFRES DES IMPORTATIONS

MOUVEMENT DES BATEAUX A MOJANGA

TABLEAU N° II

MARCHANDISES D'IMPORTATION. — POINTS OU SE FAIT LE COMMERCE. — VALEUR.

PRIX MOYENS A LA COTE

	Piastres.		Piastres.
Rhum, la barriq., 8 à	10 »	Sucre moy., les 100 kil.	12 »
Toiles américaines, en grande largeur.		Sucre rouge, —	9 »
Les 1 000 yards. . .	80 »	Indiennes, 24 yards sur 28 pouces	8 »
En petite largeur. .	60 »	Verroterie. . . 16 kil.	4 »
Sel. . . les 100 kil.	1 80	Assiettes faïence,	
Vin . . . . . 28 à	30 »	La douzaine	0 70
Sucre blanc, les 100 k.	16 »	Fer blanc. — *Très variable.*	

PRIX MOYENS A L'INTÉRIEUR

	Piastres.		Piastres.
Toiles écrues :		Absinthe Pernod,	
Belambana. . 40 yards.	3 60	La douzaine.	9 50
Kelilambana. 40 yards.	2 20	Amer Picon. . la douz.	8 50
Toiles blanches anglaises. . . . 40 yards.	3 70	Allumettes anglaises, La caisse	4 50
Indiennes françaises, 25 mètres à	2 50	Porter . . . . la douz.	4 50
Indiennes anglaises, 25 mètres à	2 »	Bière française . . . Champagne ordinaire,	4 50
Flanelle fr . . 1 yard.	» 50	La douzaine.	12 »
Flanelle ang . 1 yard.	» 20	Peinture française,	
Drill. . . . 40 yards.	4 20	les 20 livres.	3 50
Rhum. . . . . la d.j.	4 50	Peinture anglaise,	
Sel. . . . les 100 kil.	7 »	les 25 livres.	3 33
Pétrole. . . le bidon,	3 »	Farine d'Australie, Les 100 livres. . . .	12 50

INTÉRIEUR

Tananarive.

Toiles, lainage, indiennes, rhum, sel, quincaillerie, pétrole, alcools, boissons, vêtements, farine, fer-blanc.

Suberbieville.

Toiles blanches, toiles écrues, indiennes, mouchoirs de couleur, toile bleue dite guinée, pétrole, etc.

Ambatondrazaka.

Toiles américaines, sel, indiennes.

Maevetanana.

Indiennes, toiles, rhum, pétrole et sel.

Fianarantsoa.

Toile écrue, sel.

N.-B. — *Les toiles ne sont que des cotonnades.*

COTE EST

Vohémar.
Toiles, rhum, sel, marmites de fonte, savon, faïence, indiennes.

Sahambavany.
Toiles, rhum, sel, marmites de fonte, savon, faïence, indiennes.

Antalaha.
Toiles, rhum, sel.

Maroantsetra.
Toiles, rhum, faïence.

Fénérive.
Toiles, rhum, sel.

Tamatave.
Articles donnant lieu aux chiffres maximum.
Ameublement, absinthe, bière, bimbeloterie, bois du Nord, bonneterie, chaussures, chapeaux, conserves alimentaires, coupons (toile bleue), droguerie, faïence, flanelle, fer-blanc, farines, indiennes, lingerie, mercerie, marmites, poteries, parasolerie, pétrole, quincaillerie, rhum, sucre, savon, sel, toile, vins, zinc et tôle.

Andévoranto.
Échanges avec rhum et sel, toiles et indiennes.

Vatomandry.
Échanges avec rhum et sel, toiles et indiennes.

Mananjary.
Toiles, sel, rhum, marmites en fonte, indiennes, liqueurs de troc. L'échange se pratique.

Mahanoro.
Toiles, sel, rhum, marmites en fonte, indiennes, liqueurs de troc. L'échange se pratique.

Mahela.
Le sel se vend. Les autres marchandises s'échangent.

Tsiatosika.
Le sel se vend. Les autres marchandises s'échangent.

Sasihanaka.
Le sel se vend. Les autres marchandises s'échangent.

Matitanana, Farafangana, Vangaindrano, Manambondro.
Cotonnades, marmites, rhum, verroterie.

Fort-Dauphin.
Cotonnades, marmites, verroterie, quincaillerie, riz, rhum, vin, savon, faïence, sel, miroirs, bimbeloterie et bijouterie.

IMPORTATIONS DE LA COTE EST pendant les 2 semestres de 1890.

Ports.	Nationalités.	Totaux.
Tamatave.	Français...	1 591 354 58
	Anglais...	720 725 77
	Allemands..	188 375 25
	Américains.	1 545 419 »
	Autrichiens.	9 833 72
	Italiens...	18 127 94
	Malgaches..	47 252 95
	Divers....	»
		4 121 089 21
Vatomandry.	Français...	44 476 89
	Anglais...	204 439 42
	Allemands..	»
	Américains.	»
	Autrichiens.	»
	Italiens...	28 760 94
	Malgaches..	2 381 15
	Divers....	»
		280 058 40
Vohémar.	Français...	«
	Anglais...	17 849 »
	Allemands..	»
	Américains.	»
	Autrichiens.	»
	Italiens...	»
	Malgaches..	»
	Divers....	»
		17 849 »
	A reporter.	4 418 996 61

GUIDE PRATIQUE MALGACHE.

Mananjary
Report....	4 418 996 61
Français...	2 090 50
Anglais...	614 254 70
Allemands..	42 229 05
Américains.	99 228 40
Autrichiens.	»
Italiens...	11 255 45
Malgaches..	»
Divers....	»
	769 058 10

A reporter.. 5 188 054 71

Fénérive
Report....	5 188 054 71
Français...	74 339 »
Anglais...	74 643 »
Allemands..	»
Américains.	»
Autrichiens.	»
Italiens...	»
Malgaches..	»
Divers....	»
	148 982 »

Total général. 5 337 036 71

COTE OUEST

Mojanga.
Sucre, toiles, indiennes et patna, percale, verroterie, faïences et poterie, rhum, fer-blanc.

Maintirano.
Guinée[1], sel, poudre, rhum, cotonnade bleue.

Tsimanandrafozana.
Guinée, sel, poudre, rhum.

Morondava.
Guinée, sel, poudre, rhum.

Nosy-Vé.
Le troc est le principe du trafic, cotonnades, faïence, marmites, poudre et fusils de traite, verroteries, rhum.

Tuléar.
Le troc est le principe du trafic, cotonnades, faïence, marmites, poudre et fusils de traite, verroteries, rhum.

Bélo.
Construction d'embarcations.

Salara.
Toiles, poudre et fusils de traite, verroteries.

Itampolo.
Toiles, poudre et fusils de traite, verroteries.

Lanirano.
Toiles, poudre et fusils de traite, verroteries.

Baie des Masikoro.
Toiles, poudre et fusils de traite, verroteries.

Ampalaza, Cap Sainte-Marie.
Peu de sécurité.

IMPORTATIONS DE LA COTE OUEST

Mojanga
Ports.	Nationalités.	Totaux.
	Français...	358 071 35
	Anglais...	»
	Allemands..	»
	Américains.	»
	Autrichiens.	»
	Italiens...	»
	Malgaches..	»
	Divers....	51 153 05
		409 224 40

MOUVEMENT DES BATEAUX A MOJANGA EN 1890

ENTRÉES
20 vapeurs } Tonnage
47 boutres ou goélettes } 9 657 64

SORTIES
20 vapeurs } Tonnage
42 boutres ou goélettes } 9 499 33

Les 20 vapeurs représentent les entrées et sorties du paquebot *Mpanjaka*, des Messag. Marit., faisant le service de la côte ouest.

1. Cotonnade bleue.

TABLEAU N° III

NOMBRE ET DÉTAIL PAR LOCALITÉS DES ÉTRANGERS
RÉSIDANT A MADAGASCAR
ET Y EXERÇANT UN COMMERCE OU UN MÉTIER
MAISONS PRINCIPALES DE COMMERCE
PERSONNEL DES DIVERSES MISSIONS
LISTE DES MÉTIERS REPRÉSENTÉS AVEC LE NOMBRE
DE CEUX QUI LES EXERCENT

TABLEAU N° III

NOMBRE PAR LOCALITÉS DES ÉTRANGERS FAISANT UN COMMERCE OU EXERÇANT UN MÉTIER. — MAISONS PRINCIPALES DE COMMERCE. — MISSIONS, EN 1894 (1ᵉʳ *semestre*).

INTÉRIEUR

Tananarive
- Français 24
- Anglais 37
- Allemands . . . . . »
- Américains 3
- Italiens 1
- Norvégiens 1
- Arabes . . . . »
- Comoriens . . . . . »
- Indiens . . . . »
- Autrichiens 2

} 68

Ambatondrazaka. — Néant.

Suberbieville.
- Français 76
- Anglais 4
- Comoriens Fr. . . . 28
- Autrichiens 1

} 109

Maevatanana.
- Indiens 13

Fianarantsoa.
- Français 3
- Anglais 4

} 7

COTE EST

Vohemar.
- Français 7
- Mauriciens 7
- Indiens 28

} 42

Sahambavany.
- Français 2
- Anglais 11

} 13

Antalaha.
- Français 4
- Anglais 14

} 18

Maroantsetra et environs.
- Français 20
- Anglais 18
- Chinois 2

} 40

Fénérive et environs.
- Français 13
- Anglais 19
- Arabes 1
- Indiens 2

} 35

Tamatave et environs.
- Français 180
- Anglais 100
- Allemands 4
- Américains 7
- Italiens . . . . »
- Norvégiens . . . . . »
- Arabes . . . . »
- Comoriens, classés sujets français . . »
- Indiens, classés sujets anglais . . . . »
- Autrichiens . . . . . »
- Chinois 37

} 328

Andevoranto et environs.
- Français 7
- Anglais 16
- Indiens 16
- Chinois 2

} 41

Vatomandry et environs.
Français . . . . . . 17 } 47
Anglais. . . . . . . 30 }

Mananjary et environs.
Français . . . . . . 19 }
Anglais. . . . . . . 33 } 55
Allemands . . . . . 3 }

Mahanoro et environs.
Français . . . . . . 24 } 77
Anglais. . . . . . . 53 }

Fort Dauphin et environs.
Français . . . . . . 40 }
Anglais. . . . . . . 21 }
Allemands . . . . . 3 } 65
Américains . . . . . 1 }

COTE OUEST

Mojanga et environs.
Français . . . . . . 20 }
Anglais. . . . . . . 5 }
Allemands . . . . . 1 } 222
Sainte-Mariens et Co-
  moriens. . . . . 110 }
Indiens. . . . . . . 86 }

Maintirano et environs.
Français . . . . . . 3 }
Autrichiens . . . . . 2 } 12
Indiens. . . . . . . 7 }

Morondava et environs.
Français . . . . . . 11 }
Anglais. . . . . . . 4 } 38
Indiens. . . . . . . 23 }

Nosy-Vé.
Français . . . . . . 41 } 45
Anglais. . . . . . . 4 }

Tuléar et environs.
Français . . . . . . 47 }
Anglais. . . . . . . 3 } 53
Norvégiens . . . . . 3 }

MAISONS PRINCIPALES

Françaises.
Mante et Borelli.
Lechartier.
Rebut et Sarrante.
Bocard.
Bonnemaison.
Bonnet.
Bucquet.
Frinzine.
Pagnoud et Cie.
Garnier.

Anglaises.
Patterson.
Porter-Aitken et Cie.
Procter-Bross.
Frouville-Détienne.
Dupré.
Dupuy.
Laroque et Cie.

Allemandes.
Oswald.

Américaines.
Ropes et Cie. | Poupard.

MISSIONS

MISSION CATHOLIQUE FRANÇAISE

Imerina.
1 évêque.
1 supérieur.
28 pères.
5 frères coadjuteurs.
7 frères, doctrine chrétienne.
18 sœurs de Cluny.

Betsiléo.
1 supérieur.
13 pères.
4 frères, doctrine chrétienne.
5 sœurs de Cluny.

Côte Est.
1 supérieur.
2 pères.
5 frères, doctrine chrétienne.
6 sœurs de Cluny.

LONDON MISSIONARY SOCIETY

Tananarive.
14 révérends missionnaires.

Imerina.
8 révérends missionnaires.
5 missionnaires.

Betsiléo.
10 révérends.
4 missionnaires.

Antsihanaka.
3 révérends.
1 missionnaire.

Betsimisaraka.
1 révérend.

Matitanana.
4 révérends.

FRIENDS FOREIGN M. A.

Imerina.
10 révérends.
2 docteurs.
7 missionnaires.

SOCIETY FOR THE PROPAGATION OF THE GOSPEL

Imerina et Côte Est.
1 bishop.
9 révérends.
3 missionnaires.

MISSION NORVÉGIENNE

Imerina.
2 révérends.
6 institutrices.
1 docteur.

Betsiléo.
15 révérends.
8 institutrices.
1 docteur.

Bara.
5 révérends.

Taisaka.
5 révérends.

Sakalava.
8 révérends.

ÉGLISE LUTHÉRIENNE UNIE D'AMÉRIQUE

Antanosy (Est et Ouest).
4 révérends.

MÉTIERS REPRÉSENTÉS

Commerçants ou employés de commerce. 845
Charpentiers-menuisiers . 82
Employés des douanes . . 8
Forgerons-mécaniciens. . 26
Marins. 35
Constructeurs maritimes . . 20
Ferblantiers 5
Cordonniers 2
Typographes. 8
Tailleurs et couturières. . 20
Coiffeurs. 2
Docteurs. 8
Pharmaciens. 3

Avoués ou avocats 5
Publicistes. 4
Mineurs 45
Journaliers. 75
Boulangers 8
Pâtissiers 4
Cuisiniers-restaurateurs . 17
Charcutiers 3
Bouchers 2
Horlogers 2
Instituteurs ou institutrices 10
Planteurs-cultivateurs . . 56

TABLEAU Nº IV

CENTRES ACTUELS D'EXPLOITATION POUR L'INDUSTRIE LA CULTURE ET L'ÉLEVAGE

TABLEAU Nº IV

CENTRES D'EXPLOITATION INDUSTRIELS, ACTUELS ET FUTURS ET DÉBOUCHÉS

INDUSTRIE

PRODUITS DES FORÊTS

Bois rares.
Maroantsetra.
Tamatave.
Manambondro.
Fort-Dauphin.
Sainte-Luce.
Mojanga.
Maintirano.
Nosy-Vé.
Tuléar.
Lanirano.

Miel et cire venant de l'intérieur.
Tamatave.
Vatomandry.
Mananjary.
Mahanoro.

Mahela.
Mojanga.
Tsimanandrafozana.

Caoutchouc et gommes.
Antalaha.
Fénérive.
Mananjary.
Mahanoro.
Matitanana.
Manambondro.
Fort-Dauphin.
Maintirano.
Morondava.
Lanirano.

Rafia.
Fénerive.

Tamatave.
Andevoranto.
Vatomandry.
Mananjary.
Mojanga.
Analalava.

Crin végétal.
Maroantsetra.
Sahambavany.
Fenerive.
Tamatave.

Orseille.
Nosy-Vé.
Baie des Masikoro.
Ampalaza.
Cap Sainte-Marie.

EXPLOITATION DES MINES

Or.
Suberbieville.
Ankavandra.
Ambodiamontana.
Madéira.
Tananarive.
Sarobaratra.
Betafo, etc.

Fer.
N'a pas encore été exploité autrement

que par les indigènes.
Côte Est :
 Sahambavany.
 Tamatave.
Côte Ouest :
 Sud de Mojanga.
Très abondant sur le haut plateau sous toutes les formes.

Cuivre.
Exploité seulement par les indigènes.
Ouest de Tananarive, Ambatofangehana et le Betsiléo.

Plomb.
Exploité seulement par les indigènes.
Ouest de Tananarive Ambatofangehana et le Betsiléo.

L'INDIGÈNE.

PRODUITS DIVERS

Peaux venant de l'intérieur.
(*surtout*)

Tamatave.
Andevoranto.
Mananjary.
Mahanoro.
Matitanana.
Vangaindrano.
Mojanga.
} Sur les côtes.

Ambatondrazaka.
Tananarive.
Fianarantsoa.

Soie.
L'élevage des vers à soie se fait à Tananarive. La soie n'est guère exportée que sous forme de lamba. La vallée du Mangoro convient particulièrement, ainsi que le N. de Tananarive et Fianarantsoa.

Coton.
La vallée du Mangoro convient particulièrement, ainsi que le N. de Tananarive et Fianarantsoa.

CULTURE

CULTURES TROPICALES

Riz.
Le riz, très abondant à l'intérieur, n'est pas encore exporté à cause de la cherté du transport.
Sahambavany.
Fénerive.
Tamatave.
Mahanoro.
Mahéla.
Tsiatosika.
Mojanga.
Maintirano.

Vanille.
Tamatave.
Plantations dans les estuaires de l'Ivolina et l'Ivondro.
Mahanoro.
Plantations dans l'estuaire et sur le cours du Mangoro.

Sucre.
Tamatave.
Plantations dans l'Ivolina et l'Ivondro.

Andevoranto.
Plantations le long de la rivière de l'Iharoka.
Mananjary.

Cacaoyer.
Tamatave, Ivolina et Ivondro.
Vatomandry.
Mahanoro, Mangoro.

Girofle.
La culture n'est pratiquée que dans l'île Sainte-Marie.

CULTURES TEMPÉRÉES

Café.
Les cultures de la côte ne donnent pas d'aussi bons résultats qu'à l'intérieur.
Ampasimbé.
Vallée du Mangoro.
Tananarive.
Fianarantsoa.
Vonizongo.

Tabac.
N'a pas encore été préparé; est exploité par les indigènes. Pousse dans toutes les régions.

Indigo.
Pousse partout à l'état sauvage. Abondant sur le plateau central.

N'est exploité que par les indigènes. Aucun essai de culture n'a été fait.

Thé.
Réussit bien sur le plateau central.
Vallée du Mangoro.
Environs de Tananarive.

CULTURES DE NOS CHAMPS

Blé.	Vigne.	Pommes de terre.
Quelques essais satisfaisants ont été faits. Semble devoir réussir surtout dans le sud de Tananarive et le pays des Betsiléos.	Quelques essais ont été faits autour de Tananarive. Le raisin se vend au marché. Les tentatives faites à Ivato pour le vin ont réussi.	Environs de Tananarive et pays des Betsiléos. Abondantes.

ÉLEVAGE

BŒUFS

Centre d'élevage à l'intérieur.	Ports de débouchés Côte Est.	Côte Ouest.
Tananarive.	Vohémar.	Mojanga.
Fianarantsoa.	Tamatave.	Tsimanandrafozana.
Ambatondrazaka.	Mananjary.	Nosy-Vé.
	Sasihanaka.	Tuléar.

MOUTONS

Les moutons réussissent mal à la côte.
Il n'en est guère exporté que par la côte ouest, à Nosy-Vé.
Ils sont très nombreux à Tananarive et à Fianarantsoa.

VOLAILLES

L'élevage se fait en grand sur le plateau central, de l'Imerina et du Betsiléo.
Les volailles réussissent à la côte, mais les indigènes n'en font qu'un commerce très restreint.
Il en vient cependant de Tananarive portées dans des paniers de jonc. La cherté du transport rend ce trafic rare.

CHEVAUX ET MULETS

Contrairement à l'opinion répandue, cet élevage réussirait bien même sur la côte où quelques individus ont réussi.
Les Malgaches de l'Imerina élèvent des chevaux : trois propriétaires en font le commerce à Tananarive.
Ils réussissent également à Fianarantsoa.

PORCS

Réussissent bien dans le plateau central.
Autour de Tananarive.
Chez les Vonizongo dans l'ouest.
Chez les Betsiléo au sud.

CHÈVRES

Plateau central et côte ouest, n'existent pas sur la côte est.

TABLEAU N° V

MOYENS DE TRANSPORT. — MODES DE PAIEMENT

MONNAIE EN COURS

MESURES DE CAPACITÉ ET DE LONGUEUR

POIDS. — NOMBRES

TABLEAU N° V

MOYENS DE TRANSPORT. — MODES DE PAIEMENT. — MONNAIE EN COURS. — MESURES DE CAPACITÉ ET DE LONGUEUR. — POIDS. — NOMBRES.

MOYENS DE TRANSPORT

PIROGUES

Les plus petites sont chez les Betsimisaraka pour un homme seulement, 3 mètres de longueur. Les moyennes ont de 8 à 10 mètres. Les grandes de 11 à 15 mètres. Une pirogue moyenne vaut 40 francs à la côte Est et 60 francs à l'intérieur. Les grandes peuvent porter jusqu'à 2000 kilos ou 25 à 30 hommes. Les pirogues moyennes portent 1000 kilos et 12 à 15 hommes.

Le varongy et le calona sont les bois employés. On les fabrique dans la forêt. Le prix de transport de Tamatave à Andevoranto sur la côte Est est d'environ 20 francs par tonne actuellement. Les hommes sont payés à raison de 5 francs chacun.

A Tananarive, le prix de location d'une pirogue est de 0 fr. 40 centimes par jour.

Sur la côte Ouest, les pirogues sont munies d'un balancier : elles sont effilées des deux bouts.

La pagaie est courte et se manie comme une bêche : elle est enfoncée de haut en bas verticalement dans l'eau.

La plupart des fleuves sont navigables, mais par parties seulement, sur les plateaux.

PORTEURS DE FILANJANES

Ce sont les plus forts et par suite les plus jeunes de tous les porteurs.

En les prenant à la journée on les paie à raison de 1 fr. 25 par homme et par jour, nourriture comprise. Toutefois il existe des tarifs déterminés ainsi :

De Tamatave à Tananarive.	De Tananarive à Fianarantsoa.
Durée du trajet : 44^h,55.	Durée du trajet : 87^h,40.
17 fr. 50 par homme à forfait.	2 piastres.
De Tananarive à Tamatave.	**De Tananarive à Mojanga.**
12 fr. 50 par homme à forfait.	Durée du trajet : 65^h,25.
	4 à 5 piastres.

Les filanjana fabriqués à Tananarive et composés de deux brancards sur lesquels est fixé un petit fauteuil en fer et toile, coûtent 15 francs.

Il faut compter pour un voyageur muni de 50 kilos de bagages. 8 porteurs de filanjana; 2 porteurs de bagages; 2 porteurs cuisine et vivres; 1 commandeur servant de cuisinier.

Ce qui remet le voyage de Tamatave à Tananarive à une dépense moyenne de 400 francs avec les frais de route.

PORTEURS DE MARCHANDISES

Pour la plupart, ce sont d'anciens porteurs de filanjana. Ils portent une charge moyenne de 30 kilos à un seul ou 50 à 55 kilos à deux.

L'INDIGÈNE.

Dans le premier cas, la charge est répartie aux deux extrémités d'un bambou court. Les peaux de bœufs, le sel, le pétrole, les toiles sont portés ainsi.

Dans le second, la charge est fixée au milieu du bambou. Certains hommes portent des charges de 40 kilos, mais le fait est rare. Pour les bouteilles, on traite à forfait ainsi que pour les marchandises dont le trafic est constant.

La tonne de marchandises transportées de Tamatave à Tananarive dans ces conditions ne revient guère à moins de 500 francs.

Les porteurs voyagent généralement sous la conduite et la responsabilité d'un commandeur. Chaque maison de commerce possède un certain nombre de ces commandeurs choisis parmi d'anciens borijanes éprouvés : ceux-ci assurent les transports réguliers de la côte à l'intérieur et *vice versa*.

MODES DE PAIEMENT

COTE-EST

Vohémar
Sahambavany } Avec la piastre.
Antalaha

Maroantsetra.
Piastre et sel.

Fénérive.
Piastre et rhum.

Tamatave.
Piastre, monnaie divisionnaire, or, valeurs sur banque au Comptoir National d'Escompte.

Ivondrona.
Piastre, monnaie divisionnaire, or, valeurs sur banque au Comptoir National d'Escompte.

Andevoranto. } Piastre, rhum,
Vatomandry. } sel.

Mananjary.
Échanges.

Tsiatosika.
Échanges de toutes marchandises, sauf le sel payable en espèces.

COTE OUEST

Fort-Dauphin.
Échanges et piastres.

Mojanga.
Piastre, or (pris par les Indiens).

Analalava.
Échanges.

Morondava.
Échanges et verroteries.

Nosy-Vé.
Toiles.

Tuléar. } Échanges.
Ranopasy. }

Itampolo.
Échanges et verroteries.

Lanirano.
Échanges et verroteries.

INTÉRIEUR

Tananarive
Ambatondrazaka } Piastre coupée comme
Suberbieville } il est indiqué ci-contre.
Maevatanana
Fianarantsoa

MONNAIE EN COURS

Comme on peut le voir la piastre ou pièce de cinq francs est la seule monnaie ayant réellement cours.

La pièce de cinq francs est coupée en morceaux au hasard et sans règle fixe.

Il s'ensuit que pour payer on se sert de petites balances fabriquées à Tananarive. La piastre ne pesant que 25 grammes et le poids représentatif d'une piastre pesant 27 grammes, il résulte de cette opération une perte de 0 fr. 37.

L'unité monétaire est le *voamena* qui est le 1/24ᵉ de la piastre, soit environ 0 fr. 2 083.

Viennent ensuite au-dessus :

roavoamena (2) . =	0 f. 4166	Sasanangy . . . =	1 f. 666
Sikajy (3). . . . =	0 f. 625	Sikajy telo . . . =	1 f. 875
Kirobo . . . . =	1 f. 25	Venty sy Kirobo. =	2 f. 083
Loso . . . . . =	2 f. 50.	Sikajy dimy. . . =	3 f. 125
Intermédiairement :		Venty sy loso . . =	3 f. 33
Lasiray. . . . =	0 f. 3124	Kirobo telo . . . =	3 f. 75
Lasiroa. . . . =	0 f. 5207	Au-dessous du voamena :	
Lasitelo. . . . =	0 f. 729	Ilavoamena . . . =	0 f. 1041
Venty. . . . . =	0 f. 833	Eranambatry . . =	0 f. 0694
Lasivensty . . =	0 f. 937	Varifitoventy . . =	0 f. 052
Iraimbilanza . . =	1 f. 044	Varidimiventy. . =	0 f. 0347

MESURES DE CAPACITÉ

Vary iray. 6 mesures de riz valant 132 litres.
Roatokombary. 4 mesures de riz valant 88 litres.
Tapabary. 3 mesures de riz valant 66 litres.
Fahatelombary. 2 mesures de riz valant 44 litres.
Fahenimbary. 1 mesure de riz valant 22 litres.
Tapapaheniny. 1/2 mesure de riz valant 11 litres.
L'unité est le Fahenimbary.
Il existe, dans chaque marché de l'Imerina, une mesure de cette capacité en bois, officielle et poinçonnée par le gouvernement.
Pour les liquides on se sert du litre.
La mesure reconnue officielle est la bouteille d'absinthe.

MESURES DE LONGUEUR

Brasse = 1ᵐ,82 ; Demi-brasse = 0ᵐ,91 ; Empan ou palme = 0ᵐ,225 ; Pouce = 0ᵐ,018.

La refy (brasse) est la mesure de longueur la plus employée.
Les Malgaches comptent aussi par pieds empiriques.
Le mètre, connu sous le nom de metatra, commence à devenir d'un usage fréquent, à Tananarive surtout.

POIDS

Jusqu'à 10 piastres on se sert de la pièce de cinq francs ou des poids équivalents. Au-dessus on fait usage de la liv. angl., Livatra.

NOMBRES

Iray.	1	Efapolo . . .	40	Voalohany . .	1ᵉ
Roa	2	Dimampolo . .	50	Faharoa. . . .	2ᵉ
Telo.	3	Enimpolo . . .	60	Fahatelo . . .	3ᵉ
Efatra. . . .	4	Fitopolo. . . .	70	Fahefatra . . .	4ᵉ
Dimy	5	Valopolo . .	80	Fahadimy. . .	5ᵉ
Enina	6	Sivipolo. . . .	90	Fahenina . . .	6ᵉ
Fito.	7	Zato. . .	100	Fahafito. . . .	7ᵉ
Valo.	8	Arivo . .	1 000	Fahavalo . . .	8ᵉ
Sivy.	9	Alina . .	10 000	Fahasivy . . .	9ᵉ
Folo.	10	Irayhetsy	100 000	Fahafolo. . . .	10ᵉ
Roapolo. . .	20	Tapitrisa.	1 000 000		
Telopolo. . .	30				

TABLEAU Nº VI

VOIES COMMERCIALES DE MADAGASCAR
ROUTES FRÉQUENTÉES

TABLEAU N° VI

VOIES COMMERCIALES DE MADAGASCAR

ROUTES FRÉQUENTÉES

GRANDES VOIES

Grandes voies reliant **Tananarive** aux différents centres suivants :
- à **Andevoranto**, par **Moramanga** et **Beforona**, 5 jours en filanjana.
- à **Tamatave**, par **Mahasoa**, route mauvaise, 12 jours.
- à **Ambatondrazaka** (et lac Alaotra), par **Mandanivatsy**, 5 jours.
- à **Mojanga**, par **Suberbieville**, 9 jours.
- à **Fianarantsoa**, par **Ambositra**, 8 jours.
- à **Mahanoro**, par **Beparasy**, 6 jours.
- à **Ankavandra**, à l'ouest, 8 jours.
- à **Betafo**, 4 jours.
- à **Ihosy**, 12 jours.

Routes militaires.

De Tananarive à :
1° **Maevatanana**, par **Tsarasaotra**.
2° **Mandritsara**, par **Ambatondrazaka**.
3° **Morondava**, par **Malaimbandy**.
4° **Tuléar**, par **Ihosy**.
5° **Mananjary**, par **Ambohimanga**, au sud.
6° **Ankavandra**, par le lac Itasy.

IMERINA

Sentiers reliant Tananarive à
- Ankeramadinika, par **Ambohimalaza**, N.
- Ambohimanga, par **Sabotsy**, N.
- Ambohidrabiby, par **Ambatofotsy**, N.
- Soamandrarina-Alatsinainy, N.-E.
- Ambohipeno et Mantasoa, E.
- Ambohimanambola et Nosibé, par **Ialasora**, S.-E.
- Antamjombato et **Ambatolampy**, S.
- Nosizato et Androhibé, S.-O.
- Alatsinainy, S.-O.
- Fenoarivo, par **Nosizato**, O.
- Ambohijafy et Ambohidrapeto, O.
- Ambohidatrimo, par **Andohatapenaka**, N.-O.
- Anjanahary et Ivato. N.-O.
- Tsinjoarivo, par **Tsiafahy**.

SIHANAKA ET BETSIMISARAKA

Route qui, partant de Mandritsara, descend au lac Alaotra, passe à Ambatondrazaka, suit la rive droite du Mangoro jusqu'à Andakana, passe sur la rive gauche, rejoint la route de Mahanoro à Beparasy, suit cette route jusqu'à Ambohitromby, reste sur la rive gauche du Mangoro, et, descendant directement (sud), rejoint à Ambohimanga, capitale des Tanala, la route de Tananarive à Mandritsara.

L'importance commerciale de cette route est très grande : elle dessert, en effet, tous les centres de production de la zone forestière et traverse toutes les voies qui relient l'intérieur à la côte Est. Ajoutons que, pour une ligne ferrée, cette large vallée semble un tracé tout indiqué entre le nord de l'île et le sud.

COTE EST

Du lac **Alaotra** à **Fenerive**, suivie par M. Maistre.
De **Mandritsara** à **Soavinarivo**, suivie par M. le Dr Catat.
D'**Ambatondrazaka** à **Foulepointe**, suivie par M. Campan.
D'**Ambohimanjaka (Didy)** à **Mahasoa**, suivie par MM. le Dr Catat et Maistre.

De **Moramanga (Mangoro)** à **Ampanotoamaizina**, par l'**Ambohitrakoholahy**, suivie par M. d'Anthouard.

De **Beforona** (route de **Tananarive**) à **Mahasoa**, non suivie encore par les Européens.

De **Tananarive** à **Andevoranto** (route de **Tamatave**), route habituelle.

D'**Irihitra** à **Vatomandry**, suivie par tous les colons de ce dernier point.

D'**Anosibé (Mangoro)** à **Beparasy**, suivie par M. Foucart.

Du **Mangoro** à **Mahanoro** (2, l'une par le **Mamavo**, l'autre par le **Mangoro**), suivies par MM. Grandidier et Foucart.

De **Fianarantsoa** à **Mananjary**, suivie par M. le Dr Besson.

De **Fianarantsoa** à **Sahasinaka**, suivie par MM. Grandidier et Besson.

Du pays des **Bara** à **Vangaindrano**, suivie par MM. Catat et Maistre.

Du **Mandrary** à **Fort-Dauphin**, suivie par MM. Catat et Maistre.

COTE OUEST

De **Mandritsara** à **Mojanga**, par le **Sofia** et le **Mahajamba**, suivie par M. le Dr Catat.

De **Tananarive** à **Mojanga**, par l'**Ikopa**, suivie par M. d'Anthouard.

De **Tananarive** à **Mojanga**, par le **Betsiboka**, suivie par M. Grandidier.

De **Manérinérina** à **Mafaidrano**, suivie par M. Rutenberg.

De **Tananarive** à **Ambondro (Morondava)**, suivie par MM. Grandidier et d'Anthouard.

De **Tsimanandrafozana** à **Tananarive**, suivie par M. d'Anthouard.

De **Fianarantsoa** à **Matseroka**, suivie par M. Grandidier.

De **Tuléar** au pays des **Antanosy** émigrés, suivie par M. Grandidier.

De **Tuléar** à **Ihosy**, suivie par M. Gautier.

De **Fort-Dauphin** à **Nosy-Vé**. — Cette route directe, faite par M. Gautier en 1894, et qui passe par le nord de la région des Antandroy, n'avait jamais pu être suivie jusque-là.

D'**Ambiky** à **Ankavandra**, par le **Ménabé**, par M. Gautier.

De **Manandaza** à **Mahabo**, par M. Gautier.

D'**Ankavandra** à **Maintirano**, suivie partiellement par M. Gautier.

De **Tuléar** au pays des **Bara**, par le **Fihérenana**, suivie par M. Gautier.

TABLEAU N° VII

NAVIGABILITÉ DES FLEUVES

IMÉRINA. — BETSILÉO. — SIHANAKA ET BETSIMISARAKA
COTE EST. — COTE OUEST

TABLEAU N° VII

NAVIGABILITÉ DES FLEUVES

IMERINA

Ikopa
Affluent du Betsiboka

Navigable dans la presque totalité de son parcours en Imerina depuis la chute de Vinany jusqu'à celle de Farahantsana.

Onivé
Affluent du Mangoro

Navigable dans la plus grande partie de son cours à l'ouest de Tsinjoarivo.

Ce sont les deux grands fleuves de l'Imerina. Leurs affluents respectifs sont dans la province d'Imerina :

Ikopa
Sisaony. — Navigable. — R. G.
L'Onibé. — Navigable. — R. G.
L'Ombifotsy. — Navigable. — R. G.
Le Mamba. — Navigable. — R. D.
Le Varahina. — Navigable. — R. D.

Onivé
Ambatotsipihina. — Navigable. — R. D.
Ambatomiady. — Navigable. — R. G.
Sahanamalona. — Pas navigable. — R. G.
Sahatoarendrika. — Partiellement navigable. — R. G.
Ambatolampy. — Navigable. — R. D.

Toutes ces rivières, pendant la saison sèche, ne sont pas praticables aux pirogues ; mais, à partir du mois d'octobre, les pirogues même chargées peuvent passer dans la plupart.

BETSILÉO

Affluents

R. Mania	Manandona. R. D.
Affluent du Tsiribihiny	Vato. R. G.
Canal de Mozambique.	Mady. R. G.

	Affluents
R. Matsiatra *Haut Mangoky* Canal de Mozambique.	Manandriana. R. D. R. de Ialamalaza. R. D. Boaka. R. D. Sandra. R. G. Mandranofotsy. R. G.
R. Mananantanana *Affluent du Mangoky.*	Ambalalava. R. D. Manambolo. R. G. Lananindro. R. G. Manandriana. R. G.

La majeure partie du cours de ces trois fleuves est navigable. Leurs affluents ne le sont que partiellement au plus fort de la saison des pluies.

SIHANAKA ET BETSIMISARAKA

Les petits cours d'eau qui prennent naissance dans l'immense marais qui s'étend à l'Ouest du lac Alaotra sont sans importance : cette grande plaine, pendant la saison des pluies, se transforme en un vaste lac. Quant au lac Alaotra lui-même, qui comporte une profondeur de 5 mètres aux basses eaux, le niveau double aux hautes eaux. Tous les petits cours d'eau de cette région servent à alimenter le Mangoro, dont les sources se trouvent à 60 kilomètres au sud du lac. A 30 kilomètres au sud de ces sources, le Mangoro est navigable, et, à partir de ce point jusqu'à Satatrana, le fleuve assure une belle navigation sans autres obstacles que quelques récifs.

A Satatrana, point où son lit se resserre, les cascades commencent, pour continuer jusqu'à son confluent avec l'Onivé.

Quant aux affluents, le voisinage des pentes abruptes qui limitent la forêt les rend impraticables à peu de distance des confluents.

COTE EST

D'une façon générale, tous les fleuves, lacs, canaux et rivières de la côte Est sont navigables; ce qui permettra dans l'avenir d'assurer tout le long de cette côte le transport des marchandises. Les grands fleuves, tels que l'Onibé, l'Ivondrona, l'Iharoka, le Mangoro, le Mananjary, le Matitanana, etc., d'Antongil ou plutôt de Fénérive jusqu'à Fort-Dauphin, coulent lentement et sur une grande largeur jusqu'aux premières collines qui limitent les terrains d'alluvion à l'ouest. Au nord de Fénérive et au sud de Fort-Dauphin, les montagnes se rapprochent de la côte, pour venir même, en certains endroits, y aboutir en falaises abruptes. La région des cascades est très rapprochée de la mer.

D'autre part, les bancs de sable et les formations madréporiques qui s'amoncellent aux embouchures des fleuves barrent souvent complètement l'embouchure de celles-ci. Les fleuves se répandent donc sur les pentes basses de la côte et forment ici de vastes lacs, là des marais qui, tous, communiquent entre eux d'une manière plus ou moins directe. Cette masse d'eau énorme, qui répand à la surface du sol le limon charrié par les grands fleuves, donne la fertilité à la région de l'Est ; mais cette fertilité a pour conséquence immédiate l'insalubrité. Toutefois, avec quelques drainages intelligemment pratiqués, il serait facile à la fois de porter remède à l'insalubrité, en assurant la navigation.

COTE OUEST

Pour la côte Ouest, la première zone de montagnes étant plus éloignée de la mer que sur la côte Est, il en résulte que la zone basse s'étend sur une grande largeur, et que par suite presque tous les fleuves sont navigables sur un long parcours. Comme grands fleuves, nous trouvons d'abord la Sofia, suivie particlellement par M. Gautier ; le Mahajamba (80 mètres de largeur sur une profondeur de $1^m,30$) ; le Betsiboka formé par la réunion du Betsiboka et de l'Ikopa, navigable de Suberbieville jusqu'à la baie de Bombétoke et dont la largeur est parfois considérable (les bancs de sable obstruent parfois le cours de ce fleuve, dont la profondeur minimum est de 1 mètre) ; le Manambolo ; le Tsiribihiny, dont la majeure partie est navigable par pirogues ; le Mangoky ou rivière Saint-Vincent barrée au Sud de Manja par des rapides. Il se passe sur la côte Ouest le phénomène inverse de celui de la côte Est, dans le Nord du moins : en effet, au lieu d'y constater, comme dans cette région, l'apport de sable et par suite l'obstruction des embouchures, on trouve de véritables bras de mer qui pénètrent à l'intérieur des terres, et y forment de petites baies encombrées par les palétuviers.

Quant aux parties centrales et méridionales, le sable ou les coraux constituent parfois un obstacle à la navigation.

A. JULLY,

Architecte de la Résidence française
à Madagascar.

HYGIÈNE

CHAPITRE PREMIER

LE CLIMAT

SAISONS ET TEMPÉRATURE DE L'INTÉRIEUR
ET DES DEUX CÔTES

Située entre les 41° et 48° degrés de longitude Est et entre les 11° 57' et 25° 39' de latitude Sud, couvrant en un mot une zone de terrain ayant à vol d'oiseau 380 lieues du nord au sud et 100 lieues de l'est à l'ouest, présentant dans sa configuration une grande inégalité de structure, la Grande-Ile ne peut avoir le même climat dans les diverses régions dont elle se compose.

Alors que sur le littoral la chaleur est étouffante, sur le plateau, les vallées sont fraîches. Aussi, a-t-on pu dire que Madagascar est, par sa latitude, une région tropicale, et, par son altitude, un pays tempéré. Du bord de la mer aux montagnes de l'intérieur, on constate une décroissance graduelle de la température moyenne, et sur le plateau de l'Imerina on entre dans la zone des froids. Là, il n'est pas rare de voir dans le massif de l'Ankaratra des lamelles de glace se former au-dessus des flaques d'eau et la grêle se précipiter en abondance sur ses sommets et ses pentes. Mais qu'il s'agisse de la zone littorale ou de la région des hauteurs, la division de l'année est la même ; il n'existe à Madagascar que deux saisons : la saison pluvieuse et la saison sèche ; la saison chaude ou pluvieuse commençant, d'une manière générale, en octobre, pour se terminer en mars, et la saison sèche comprenant les six autres mois de l'année.

Ces deux saisons ne présentent pas naturellement sur le plateau et sur le littoral des conditions absolument identiques de température. Sous ce rapport, le littoral oriental et le littoral occidental diffèrent même entre eux ; le minimum et le maximum de température ne sont point les mêmes à Tamatave, sur la côte orientale, et à Mojanga, sur la côte occidentale. D'après M. Grandidier, la température d'hiver et la température d'été seraient caractérisées sur les deux côtes et sur les plateaux par les chiffres suivants :

Côte occidentale TULLEAR	Plateau TANANARIVE	Côte orientale TAMATAVE
Minimum 16° Juillet	6° Juin-Août	16° Juillet
Maximum 33° Janvier	29° Novembre	33° Décembre-Janvier

Plus au nord de Tamatave, dans l'île de Sainte-Marie notamment, les températures extrêmes seraient de 3 à 4 degrés plus élevées.

Comme on peut le voir par ce tableau, les températures minimum et maximum, soit sur le plateau, soit sur les deux côtes, ne présentent pas des écarts bien notables. A Tulléar, l'écart entre le minimum au mois de juillet et le maximum au mois de janvier n'est que de 17 degrés ; il est de 23°, à Tananarive pour les deux mêmes saisons et de 17° à Tamatave. On peut donc dire avec raison que Madagascar jouit, en moyenne, d'un climat égal ou, en d'autres termes, que ce climat n'offre point de brusques sauts de la chaleur au froid. Cet avantage, l'île le doit sans conteste aux mers qui l'entourent et dont un courant tiède maintient la température normale.

Des observations ultérieures prises par les médecins français installés à Madagascar, depuis le traité de 1885, sont venues corroborer dans leur ensemble les données premières de M. Grandidier, qui peuvent être considérées comme un fait désormais acquis à la science météorologique. D'après eux, sur les plateaux, la saison chaude commencerait au mois d'octobre et irait jusqu'en mars ; pendant cette saison, le thermomètre oscillerait entre + 18° et + 28°. Les mois les plus chauds seraient novembre et décembre, où l'on aurait vu des chaleurs de 30 degrés ; la saison fraîche s'étendrait d'avril à fin septembre ; pendant cette même saison, le thermomètre oscillerait entre +8° et 17° ; les mois les plus froids seraient août et juillet. A Fianarantsoa, chez les Betsileo, on a : maximum en janvier, 27° et min. en juillet, 12°,3.

Sur la côte orientale, la saison chaude irait de décembre en avril, la saison fraîche comprendrait les sept autres mois de l'année ; la moyenne thermométrique suivrait une progression croissante et régulière de juillet jusqu'au mois de février où elle atteindrait 34° centigrades au thermomètre à maximum et 23° centigrades au thermomètre à minimum. Cette même moyenne thermométrique irait en décroissance depuis mars jusqu'en juillet où elle n'atteindrait plus que 27° au thermomètre à maximum et 18° au thermomètre à minimum. Ainsi, sur la côte orientale, le mois le plus chaud serait celui de février, le mois le plus froid celui de juillet.

Sur la côte occidentale, la température est nécessairement plus élevée à mesure qu'on remonte de Tulléar, point où le maximum et le minimum thermométriques ont été déterminés, vers le nord, c'est-à-dire vers l'équateur. A la hauteur de Mojanga (maximum en novemb. 33°, minimum en juillet 21,°5) et dans la région qui l'entoure nommée le Boina, le climat est torride à température constante. A Maevatanana, au confluent de la Betsiboka et de l'Ikopa, la température estivale générale serait de 28 degrés. Cette température est d'ailleurs d'autant moins élevée qu'on se rapprocherait de l'intérieur. La localité où le climat change définitivement, et de torride devient simplement chaud, est Andriba, au-dessus de Maevatanana, dont le plateau forme la limite entre les terres brûlées de la côte et les terres plus fraîches, avant-monts de l'Imerina.

RÉGIME DES PLUIES ET DES VENTS

Il n'y aurait pas, a-t-on dit, un lieu au monde qui soit plus tourmenté par la fréquence des orages et plus éprouvé par les effets de la foudre que la région centrale de Madagascar. A Tananarive, il tonne fréquemment d'octobre à avril (environ 80 fois) et l'on ne compte pas moins de 50 individus tués par an par la foudre. Souvent la nuit, par une pluie diluvienne, la montagne paraît enveloppée d'un manteau de feu. Les éclairs ruissellent du ciel, et la foudre éclate en grondant dans la nuit d'une façon effroyable. Les orages et les pluies deviennent quotidiens vers la fin de novembre et ne disparaissent qu'à la fin d'avril.

Sur la côte occidentale, les pluies apparaissent d'ordinaire vers la même époque, c'est-à-dire vers octobre, et deviennent fréquentes fin décembre ; elles sont alors orageuses, torrentielles, et cessent en avril. La véritable saison des pluies pour la côte occidentale et pour le plateau de Tananarive est donc la saison chaude, qui s'étend d'octobre à avril. Il n'en est pas de même à la côte orientale. Là, la saison pluvieuse dure toute l'année, surtout de janvier à octobre. On entend bien, d'octobre en janvier, quelques coups de tonnerre accompagnés d'éclairs, mais les pluies ne tombent d'une manière fréquente et suivie que pendant les neuf autres mois. Elles persistent alors pendant des semaines entières et consistent en averses de courte durée se succédant les unes aux autres. Dans la zone des forêts, au-dessus de Tamatave, les pluies sont plus abondantes encore et pour ainsi dire continues. Aussi la quantité de pluie tombée à la surface du sol est considérable. Pendant l'année 1892, considérée comme pluvieuse, la branche liquide atteignit à Tamatave une hauteur de $3^m,584$ millimètres ; pendant l'année 1893, considérée comme sèche, elle s'éleva à 3 mètres, dépassant ainsi le maximum de pluie tombée sous l'équateur, à hauteur du Gabon. A Tananarive, la chute de pluie de 1882 à 1892 a varié de $1^m,050$, minimum (1882), à 1^m750 maximum (1884). Il est à remarquer d'ailleurs que dans le sud et le sud-ouest de l'île, ces chiffre doivent être considérablement diminués, car dans ces régions, si les averses sont plus abondantes, elles sont de courte durée; à Tulléar, il n'est tombé en 1892 que 277 millimètres d'eau; en 1891, il y en avait eu 418 millimètres.

La saison fraîche et sèche, qui s'étend d'avril en septembre, est celle dont le régime aérien présente la plus grande régularité. Madagascar est compris tout entier dans la zone des vents alizés du sud-est; d'avril en septembre, le soleil, éclairant directement la zone tropicale du nord, échauffe de ses rayons cette zone, en raréfie l'air et y attire le vent du sud-est. C'est l'époque où souffle la mousson de sud-est qui couvre de pluie le littoral oriental de Madagascar. Mais, quand en octobre, l'astre revient vers le sud, amenant avec lui la zone des nuages et des pluies, les vents changent fréquemment d'allure et de direction; ils se reportent en moussons de nord-ouest sur les côtes de Madagascar et soufflent dans cette direction jusqu'en avril. Il est toutefois bon de noter que dans le canal de Mozambique la conformation des terres qui bordent les deux côtés du détroit donne une légère déviation à la direction primitive des courants aériens. D'octobre à mars, dans ces parages, la mousson souffle du nord-est, et d'avril à septembre, du sud-ouest.

Avec la mousson de nord-ouest coïncident les orages et les cyclones. Les premiers viennent, pour la plupart, de terre. Leur origine est facile à expliquer. Refoulés pendant le jour par la brise du nord-ouest, les nuages sont poussés vers la montagne et s'y agglomèrent. Ils forment alors une large bande bleue qui, sur le soir, ne tarde pas à être visible au loin et qui est fort connue de tous les navigateurs qui approchent de ces parages. La bande bleue, repoussée à son tour violemment vers le large, laisse échapper souvent pendant la nuit la pluie, la foudre et les éclairs.

Les orages venus du large sont en général plus à redouter. Parmi ces derniers les plus dangereux sont les cyclones. L'approche de la tempête est signalée par la grande baisse du baromètre. Aussitôt, les habitations doivent être amarrées solidement avec des cordages fixés à la toiture et venant se fixer en haubans, à une racine ou à un pieu que l'on plante profondément; les navires doivent se hâter de prendre le large ou de gagner un abri et de se conformer scrupuleusement aux indications prescrites dans les lois de la navigation. Venu d'ordinaire de l'Équateur entre le 5e et le 10e degré de latitude méridionale, l'ouragan, après avoir traversé obliquement la mer des Indes, se dirige par le sud-ouest sur Madagascar, contourne la Grande-Île et se porte ensuite dans la direction sud-est en sens inverse des vents alizés. La spirale se meut toujours en tournant de l'ouest à l'est par le nord et de l'est à l'ouest par le sud et présente, dans ce long trajet parabolique, un centre relativement calme qui se déplace incessamment. Quelquefois le cyclone se réduit à un simple coup de vent qui agite la mer quelques heures ; mais trop souvent ce sont de furieuses rafales qui bouleversent les flots durant plusieurs jours et sur une largeur de plus d'un millier de kilomètres. Parfois même on a vu un grand cyclone être accompagné d'un cyclone secondaire et le navire qui avait fui le premier être saisi par le second. Sous l'influence des vents qui tournoient, les vagues s'entre-croisent, et l'eau bouillonnante semble sortir d'une immense chaudière. Souvent, lorsque le vent souffle de la mer, le flot vient battre la côte et les navires qui n'ont pu prendre le large ont été transportés dans les terres. En 1888, un cyclone jeta onze navires sur la côte de Tamatave. Heureusement que ces ouragans funestes aux plantations sont assez rares à Madagascar. La courbe de ces météores tournoyants atteint la grande île bien moins souvent que les côtes de la Réunion et de Maurice.

CHAPITRE II

ACCLIMATEMENT DE L'EUROPÉEN A MADAGASCAR

L'Européen qui arrive sur la côte de Madagascar quitte des régions comprises entre le 70° et le 40° degrés de latitude boréale pour venir habiter un pays compris entre le 11° et le 25° degrés de latitude australe. C'est dire qu'il passe brusquement d'une zone tempérée et même d'une zone froide dans une zone torride. Son organisme se trouve donc soumis à des conditions de milieux bien différents. Au lieu du froid c'est la chaleur ambiante par laquelle il se trouve impressionné. Or, ce changement de milieu va être le point de départ de modifications profondes dans l'organisme.

Nous savons en effet qu'il existe un échange constant entre la température humaine et celle du milieu ambiant, que cette sorte d'endosmose thermique résulte de la mise en jeu de la conductibilité et du rayonnement soit de notre corps, soit des vêtements qui le recouvrent. Dans les pays à zone tempérée ou froide l'organisme ayant à lutter contre le froid, doit faire le plus de chaleur possible dans un milieu où il en perd beaucoup. Dans la zone torride, l'organisme, ayant à lutter contre la température élevée, doit faire le moins de chaleur possible dans un milieu où il en perd peu. Dans les pays froids ou tempérés les sources de production de la chaleur animale doivent donc être augmentées et les sources de déperdition diminuées. Dans les pays chauds, au contraire, les sources de production doivent être diminuées et les sources de déperdition augmentées.

C'est ce qui a lieu en effet. L'arrivée en pays tropical est suivie d'une augmentation d'activité dans les fonctions de la vie organique qui sont une source de déperdition de la chaleur animale. Au premier rang doit être placée l'évaporation cutanée. La peau et tous ses accessoires, glandes sudoripares et glandes sébacées, fonctionnent davantage; il y a plus de sueur pour permettre à l'eau de se réduire en vapeur à la surface du corps.

Par contre, les sources de production de la chaleur animale diminuent en activité. Les combustions organiques sont affaiblies et la nutrition ralentie. A peine débarqué à Madagascar, l'Européen, dont le poumon avait été impressionné jusque-là par un air frais qui est, comme on sait, un excitant respiratoire, ressent les effets d'une température plus élevée. Moins excité, le poumon a une expansion moins ample, la quantité d'oxygène absorbée diminue. Comme conséquence, l'intensité des combustions organiques s'affaiblit. Cet abaissement du taux des échanges cellulaires se traduit par une exhalation moindre d'acide carbonique dans le poumon, par une diminution de la quantité d'urine rendue et de la proportion d'urée évacuée par cette voie. Le sang veineux est plus chargé d'acide carbonique et il y a stase veineuse. Pour débarrasser l'économie des déchets imparfaitement éliminés par les reins, le foie active sa fonction éliminatrice et exagère sa sécrétion biliaire. Qu'on n'oublie pas ces notions de physiologie générale et ces modifications de l'organisme européen en pays chaud ; elles vont jouer un grand rôle dans les questions qui se rapportent à l'acclimatement, à la pathologie et à l'hygiène de l'Européen à Madagascar.

La conséquence capitale du ralentissement de la nutrition et de la diminution des échanges organiques est l'anémie. On distingue deux sortes d'anémie dans les pays chauds : l'une, pour ainsi dire, physiologique, normale ; l'autre pathologique, anormale, qui accompagne seulement la cachexie. A la première, nul Européen ne peut échapper. Elle est caractérisée par une sorte d'anoxémie ou d'hypoglobulie tropicale, c'est-à-dire par une diminution des éléments figurés du sang ; par une paresse toute particulière des fonctions digestives, une diminution ou une altération des sucs gastrique et intestinal, une tendance à la dyspepsie par hypoacidité et à la constipation. De même que le système digestif, le système nerveux s'alanguit. Les opérations cérébrales sont plus lentes ; les ressorts de l'activité se détendent. Toutes ces modifications sont dues en définitive à la modération forcée du courant nutritif général, et l'anémie est la résultante des influences coloniales sur l'organisme humain.

CHAPITRE III

MALADIES DES EUROPÉENS A MADAGASCAR

Les maladies des Européens à Madagascar dépendent en grande partie des conditions nouvelles de climat et de milieux auxquelles sont soumises les fonctions de leur organisme.

La peau qui est le siège d'une évaporation fort active s'irrite et donne naissance à des dermatoses d'ordres divers. Citons en premier lieu la lèpre tuberculeuse sous ses deux formes, la forme anesthésique et la forme déformante, le psoriasis, les affections pustuleuses de nature parasitaire, la gale boutonneuse ou gale malgache qui, malgré son nom, atteint aussi les Européens et que l'on traite de la même manière qu'en Europe par les antipsoriques et les bains savonneux, les herpès de toute nature, l'intertrigo, le prurigo, l'ecthyma impétigineux qu'on nomme aussi le bouton malgache et l'ulcère de Madagascar. Ces deux derniers méritent, en raison de leurs caractères particuliers, une description spéciale.

Le bouton malgache survient chez les Européens qui comptent deux ou trois ans de séjour à la côte. Il se montre aux premières chaleurs sous la forme de petits points vésiculeux gros comme la tête d'une épingle qui s'ulcèrent et donnent naissance à des pustules muco-purulentes. Ces pustules sont accompagnées de vives démangeaisons qui incitent le sujet atteint à se gratter, à déchirer la pustule et à créer ainsi de nouveaux foyers d'infection. Le bouton malgache occupe toutes les parties dénudées, pieds, mains, bras et jambes, ce qui le différencie de la gale boutonneuse qui s'étend à toutes les parties du corps. L'Européen qui a été atteint une fois est presque toujours de nouveau atteint chaque année aux premières chaleurs, alors que la peau doit exagérer ses fonctions. On soigne d'ordinaire le bouton malgache en appliquant sur la plaie des cataplasmes arrosés d'huile phéniquée et plus tard des pommades à base d'oxyde de zinc et d'acide borique.

L'ulcère de Madagascar atteint, comme l'ecthyma, de préférence les jambes, le cou-de-pied et en général les parties dénudées. Il a une très grande analogie, sinon une similitude complète, avec les ulcères de la Cochinchine et de la Guyane. Même siège, mêmes symptômes, même évolution. Lui aussi revient tous les ans et sa cicatrisation est longue. Le traitement employé d'ordinaire contre lui est le pansement à bandelettes de diachylon imbriqué et occlusif.

Dans ce climat torride à température à peu près constante les affections des voies respiratoires sont moins fréquentes qu'en Europe. L'Européen est peu exposé aux bronchites, aux pleurésies, aux broncho-pneumonies et aux pneumonies franches, surtout s'il vit sur la côte. Sur le haut plateau où la différence entre la température nocturne et la température diurne est plus accusée, les affections des voies respiratoires sont cependant moins rares que sur le littoral. De même la tuberculose malgache est peu fréquente chez le riverain de la côte et plus commune chez l'habitant du plateau. Le colon étranger, par contre, est plus volontiers sujet à ses atteintes ; les malades dont les lésions ont un caractère torpide ont à redouter de les voir s'aggraver rien que par le fait du changement du climat et souvent elle débute, chez les gens indemnes, d'une manière foudroyante.

Mais si, dans les climats chauds, les maladies des voies respiratoires sont rares, en revanche les affections du tube digestif prédominent, les diarrhées, les dysenteries, les hépatites surtout. Ces affections existent aussi à Madagascar ; mais, et ceci est une note particulière favorable à son climat, les dysenteries, les diarrhées, les hépatites sont moins fréquentes qu'on ne pourrait le croire au premier abord et surtout elles affectent une forme moins grave. Les diarrhées se montrent surtout aux premières grandes pluies de la saison chaude sur la côte orientale, dans la région de Tamatave, et peuvent promptement dégénérer en dysenterie, mais presque toujours d'allure peu sévère.

Notons aussi que la variole, bien que très fréquente chez les Malgaches est, en général, d'aspect assez bénin.

Ce qui domine la pathologie de Madagascar c'est la fièvre paludéenne. A elle seule, sous ses diverses formes, elle constitue les trois quarts des maladies de la Grande-Ile. Aussi l'appelle-t-on fièvre malgache. Cette fièvre apparaît seule ou comme complication des maladies intercurrentes auxquelles elle se trouve mêlée. Elle frapperait à peu près tous les Européens et l'on citerait les quelques membres de la colonie européenne qui auraient pu y échapper. A la côte orientale, son siège de prédilection, elle atteindrait son maximum d'intensité du mois de décembre au mois d'avril, alors que sous l'influence des pluies et des chaleurs le sol, alternativement, se dessèche et se couvre de flaques d'eau. D'après les médecins français qui ont exercé à Madagascar, elle ne débuterait pas souvent d'emblée par les trois stades classiques du froid, de la chaleur et de la sueur. Souvent elle ne se révèle que par des troubles gastro-intestinaux, inappétence, vomissements, diarrhée bilieuse. Elle peut s'arrêter là; et, dans ces cas, la médication par la podophylline ou le calomel pris le soir au coucher et une purgation saline prise le matin peut enrayer les progrès de l'intoxication. D'autres fois, la fièvre paludéenne débute par des phénomènes nerveux, courbature, rachialgie, intolérables douleurs de tête, accablement, lassitude générale, découragement, insomnie, agitation nerveuse. Les troubles du tube digestif succèdent ensuite, vomissements alimentaires et muqueux allant du jaune verdâtre au vert le plus intense. Les trois stades, caractéristiques de la fièvre paludéenne, apparaissent alors : frisson initial avec claquement de dents et crampes (premier stade), chaleur excessive (deuxième stade) et transpiration profuse (troisième stade). Ces trois stades existent toujours chez les nouveaux arrivés. Chez les acclimatés le stade de frisson manque souvent et le début de l'accès n'est marqué que par un affaissement, des douleurs vagues par tout le corps et, notamment, du côté des reins. L'accès ne revient que plusieurs mois après; d'autres fois, il affecte le type quotidien, le type tierce, etc.

Ce que nous venons de décrire est la forme simple de l'intoxication paludéenne, mais elle peut se présenter sous ce qu'on appelle une forme larvée (cachée) et compliquer d'autres affections. Ces formes larvées peuvent être dans leur variété la cause d'une foule d'erreurs de diagnostic. Tantôt c'est la forme nerveuse avec convulsions épileptiformes, tétaniques, comateuses, avec paraplégie ; tantôt c'est la forme pulmonaire avec dyspnée intense, ou la forme intestinale allant de la diarrhée bilieuse aux accès cholériformes, et aux accès ictéro-hémorragiques ou encore la forme rénale avec hématurie ou accès de gravelle. Les formes pernicieuses sont plus rares (Dr Jaillet).

Le traitement de toutes ces formes simples, larvées ou compliquées du paludisme, est le même : le sulfate de quinine. A Madagascar on l'administre d'ordinaire à la dose de 50 centigrammes dans une potion d'antipyrine, de teinture d'aconit et de sirop de morphine. Pour les accès ictéro-hémorragiques, les purgatifs et l'extrait fluide de quinquina jaune sont employés.

CHAPITRE IV

RÉPARTITION DES MALADIES A LA SURFACE DE MADAGASCAR GÉOGRAPHIE MÉDICALE DE L'ILE

Ce sont ces fièvres paludéennes qui ont fait donner à Madagascar la réputation de grande insalubrité dont elle jouit dans le monde. Elles y existent à l'état endémique aussi bien sur le plateau [1] que sur la côte. D'après le

---

1. A vrai dire elles n'existent que dans quelques rares endroits du plateau ; à 1 200 mètres et au-dessus, elles sont encore moins fréquentes.

Dr Jaillet, la fièvre paludéenne se jouerait des conditions d'altitude et de latitude, tout aussi bien que de la situation topographique ; elle prendrait naissance tout aussi bien dans les montagnes que dans les plaines, dans les forêts et les endroits découverts, dans les endroits secs et les endroits humides. Ces affirmations paraissent être l'expression de la vérité; pourtant il ne faut pas oublier de dire que la fièvre ne sévit ni avec la même généralité, ni avec la même intensité dans les divers points de l'île[1]. C'est un fait qu'il est permis tout d'abord de dégager. Jadis même, il semble bien, d'après les déclarations des voyageurs anciens, que le plateau en était à peu près exempt ; mais, depuis le commencement du siècle, les défrichements faits par les Hovas dans le but de livrer à la culture les terres recouvertes par les forêts auraient amené la fièvre sur le plateau. D'ailleurs il paraît constant que la configuration générale du plateau se prêterait en certains endroits à la genèse de la fièvre. Nombreux sont les lacs sur les sommets ou dans les excavations du sol; les ruisseaux qui serpentent, descendent en cascades ou se précipitent en torrents, les rivières qui décrivent d'innombrables méandres avant d'arriver aux gorges par où elles s'échappent pour gagner la mer. A l'époque des pluies, ces nappes d'eau débordent et forment des flaques que la sécheresse ensuite évapore en laissant à nu les terrains inondés devenus des foyers à infection paludéenne.

Mais malgré les défrichements et l'abondance des nappes d'eau sur le plateau, les hautes terres n'en res-

---

1. D'après une opinion très autorisée, les Européens qui ont les fièvres dans l'Imerina en ont contracté les germes à la côte ou dans les forêts du versant oriental.

tent pas moins dans leur ensemble la partie la plus salubre de Madagascar.

C'est d'ailleurs une règle générale que plus on s'éloigne de la côte plus le pays devient sain. Dans l'Imerina notamment, on ne rencontre guère les maladies des pays chauds, hépatites, dysenteries graves, accès pernicieux (Dr Villette). Parmi ces dernières les moins rares seraient les dysenteries, mais elles seraient de nature peu grave. La même bénignité s'observerait en général pour la fièvre paludéenne elle-même. Cette fièvre s'y présenterait surtout sous la forme larvée, l'accès franc ne se rencontrant que chez les personnes soumises à de grandes fatigues. Les formes larvées les plus communes seraient la névralgie, la céphalalgie, la fièvre légère continue, la diarrhée, l'embarras gastrique fébrile ou non, les fièvres rémittentes avec ou sans complications, ces dernières étant, de toutes les manifestations paludéennes, les plus fréquentes. A Tananarive même et dans les environs les accès sont bénins. Cependant il est à remarquer que tous les indigènes du pays de Vonizongo, au nord de Tananarive, présentent un développement exagéré de la rate, et que bon nombre d'entre eux sont atteins de cachexie palustre, d'hépatites, d'hydropisies, d'anémie pernicieuse et autres complications de la fièvre paludéenne.

En dehors de ces manifestations paludéennes, les autres maladies sont rares sur le plateau. Les angines, la phtisie, les scrofules, la lèpre, les maladies éruptives comme la variole, la rougeole, la scarlatine ne présentent rien de particulier à signaler. Les rhumatismes sont plus fréquents, il est vrai, dans l'Imerina, que dans les basses terres, à cause de la plus grande variété des oscillations thermiques du jour et de la nuit. Quant aux ulcères, ils sont presque tous des manifestations de la tuberculose, de la lèpre, de la scrofule et de la syphilis.

Même dans les terres basses l'insalubrité est loin de présenter partout la même intensité. D'une manière générale cette insalubrité est due, encore ici, aux pluies diluviennes qui inondent le bas pays chaque année et aux débordements des rivières. Sur le littoral les eaux se trouvent fréquemment arrêtées par les sables qu'y accumulent à l'embouchure des fleuves les vents généraux et l'action des flots et se répandent sur un sol bas et plat, créant ainsi autant de foyers d'infection. Le maximum d'intensité de la malaria paraît être Tamatave et surtout le fond de la baie d'Antongil. C'est cette partie de la côte orientale qui a mérité plus que toute autre d'être appelée le cimetière des Européens; pendant la campagne de 1885, les troupes qui y tenaient garnison ont eu un chiffre de morbidité très élevé.

Mais il est probable que la morbidité constatée pendant la campagne de 1885, ne se serait pas manifestée sur les autres points de la côte orientale. Tamatave est le point central d'une zone très marécageuse qui s'étend de la baie d'Antongil, au nord, à Mahanoro au sud, zone d'ailleurs où le climat est essentiellement chaud et humide, et débilitant pour l'Européen. Au sud de Mahanoro déjà le climat est moins humide et, vers le sud, il redevient tempéré et sec : il est bien moins débilitant pour l'Européen.

Le littoral occidental et la partie nord de l'île sont moins malsains que la partie orientale. La partie nord est chaude, mais elle est sèche. Même d'après les dires des marins, il n'y aurait eu, en 1840, ni fièvres ni autres maladies endémiques sur le littoral nord de Madagascar[1].

A la côte occidentale le pays est certainement plus salubre qu'aux environs de Tamatave, surtout si l'on fuit les baies bordées de palétuviers. L'humidité, bien qu'assez abondante dans la saison des pluies, y étant beaucoup moindre qu'à la côte orientale, et les variations diurnes et nocturnes y étant moins marquées, rendent la dysenterie plus rare encore et plus bénigne. Il en est de même des manifestations paludéennes qui paraissent, aux environs de Mojanga et surtout dans la région du Boina, revêtir un caractère moins sévère qu'aux environs de Tamatave.

CHAPITRE V

PRESCRIPTIONS GÉNÉRALES D'HYGIÈNE

L'ALIMENTATION

De l'ensemble des notions qui précèdent vont découler l'ensemble des règles d'hygiène que devra observer l'Européen à Madagascar. Tout d'abord l'immigrant devra veiller à ne contrarier en rien l'effort tout spontané que fait son organisme pour se mettre

---

1. *Notices statistiques* publiées par le Ministre de la marine, 1840, 4ᵉ partie, page 27.

en harmonie avec le milieu ambiant. Qu'il soit colon ou qu'il soit militaire, qu'il vive isolé et sédentaire ou bien groupé et en campagne, il devra observer certaines prescriptions générales concernant son alimentation, ses vêtements, sa manière de vie. Nous aborderons ensuite les prescriptions, d'une nature plus particulière, qui concernent le genre de vie du colon et du soldat, en exploration ou en campagne.

Si l'on se rappelle les notions de physiologie générale que nous avons exposées lorsque nous avons parlé de l'acclimatement, il est facile de reconnaître que l'alimentation de l'Européen à Madagascar doit répondre à deux buts : elle doit, par sa nature, être en mesure de combattre l'anémie, et ne pas imposer au tube digestif un travail excessif. Elle doit être par conséquent réparatrice et assez facile à digérer.

La viande répond à ces deux indications, qu'il s'agisse de bœuf ou de mouton; de même aussi la volaille et le porc, à condition de n'en consommer que les parties maigres. Les viandes noires ou viandes de gibier étant échauffantes, sont moins recommandables. Ces viandes devront être de préférence rôties ou grillées, le bœuf bouilli et les viandes en sauces faites avec les graisses et le beurre étant moins digestibles. L'emploi des graisses, aliment calorificateur par excellence, dans un pays où l'organisme a besoin de perdre de la chaleur, devra être réduit au minimum dans l'apprêt des différents mets.

Les œufs, le lait, les poissons constituent des aliments excellents.

Les légumes secs, lentilles, haricots, pois, etc., fort azotés, mais peu assimilables, devront être absorbés sous forme de purée.

Il en sera de même des légumes verts. Quant aux pommes de terre, ignames et patates, qui sont bien moins riches en azote que les légumes secs ou les légumes verts, mais qui sont facilement absorbables, elles pourront servir à l'alimentation sans inconvénient. A la première attaque de gastrite ou de dysenterie, on suspendra l'usage des crudités herbacées, telles que salades, tomates, concombres, qui d'ailleurs ne devront être prises qu'avec une certaine réserve. La même prescription doit être recommandée pour les fruits.

On observera aussi la même modération à l'égard des condiments. Bien que l'usage soit de prendre, dans les colonies à climat chaud, des condiments, et que beaucoup y trouvent une satisfaction pour leur estomac naturellement paresseux ou dyspeptique, il ne faut pas oublier que ces substances, prises en certaines quantités, irritent l'appareil digestif, qu'elles prédisposent tout spécialement aux accidents du côté du foie, aux dyspepsies chroniques, aux affections gastro-intestinales, aux ulcères, et peut-être même aux cancers de l'estomac.

Les conserves alimentaires en boîtes (viandes, légumes, lait, etc.) sont excellentes. Mais, avant d'en faire usage, il faudra toujours procéder à un examen minutieux, dont le but est de s'assurer que leur contenu n'aura subi aucune altération. Toutes les boîtes dont le couvercle sera bombé (ce qui indique un développement à l'intérieur des gaz de la fermentation), toutes celles dont le contenu mis à nu présentera une odeur désagréable ou bien une consistance molle et déliquescente seront rejetées.

Le vin sera un excellent tonique, pris à dose modérée. Mais comme il ne peut arriver à Madagascar qu'après un long trajet et que sa conservation doit être assurée sous un climat chaud et humide, il sera nécessairement additionné d'alcool, et naturellement on devra le mélanger avec de l'eau, à moins qu'on n'en prenne qu'une faible quantité.

La bière ne doit être absorbée qu'avec modération. On sait qu'en Europe son abus entraîne la dilatation de l'estomac et quelquefois l'albuminurie; à plus forte raison, aux colonies.

Mais la boisson à laquelle on doit s'adonner avec le plus de réserve est l'alcool, et par alcool il faut entendre tous les apéritifs. L'alcool, même pris à petite dose, est un irritant; il congestionne le foie. Or, le foie, qui déjà surfonctionne dans les pays chauds, subit déjà une congestion pour ainsi dire normale. Un pas de plus et il peut s'enflammer. L'alcool peut déterminer par lui-même cette inflammation et amener une hépatite. En tout cas, il favorise grandement la formation d'une hépatite chez les gens atteints de dysenterie ou de diarrhée, et chez ceux qui ont des accès de fièvre paludéenne et, dans ces conditions, l'hépatite aboutit souvent à un abcès.

L'eau. — L'idéal serait de n'absorber de l'eau, en pays chaud, qu'après s'être entouré de toutes les garanties que peut procurer aujourd'hui la science moderne. Jadis on se contentait, pour déclarer une eau potable, de demander à cette dernière d'être limpide, aérée, douce, froide en été, tiède en hiver, sans odeur, d'une saveur fraîche, vive, agréable; elle ne devait être ni fade, ni piquante, ni salée, ni douceâtre, ni acerbe, ni sulfureuse; elle devait bouillir sans se troubler, ni former de dépôt; cuire les légumes secs et les viandes, sans les durcir, dissoudre le savon sans former de grumeaux; elle ne devait occasionner aucune pesanteur ni trouble dans les digestions.

Mais les travaux des bactériologues modernes ont démontré que ces conditions, tout indispensables qu'elles soient, étaient loin d'être suffisantes pour donner à l'eau une innocuité parfaite. Il est reconnu aujourd'hui que l'eau peut, tout en réunissant les conditions physiques précédemment énoncées, être le véhicule des germes de la dysenterie, du choléra, de la fièvre typhoïde, même de la fièvre paludéenne. Elle peut être aussi le séjour dans les plaines malgaches du tænia et de divers parasites qui sont le point de départ de certaines dermatoses. Pour qu'une eau soit réellement inoffensive, il faut donc que, outre les qualités précédemment requises, l'eau ne contienne ni parasites, ni microbes qui font d'elle quelquefois leur milieu de culture et leur séjour.

Lors donc que l'on se trouve en présence d'une eau que l'on ne connaît pas, le mieux est de s'assurer des qualités physiques que nous venons d'énumérer. Si elle ne cuit pas bien les légumes, ou si elle forme des grumeaux avec le savon, c'est qu'elle renferme plus que de raison des sulfates de chaux et de magnésie : ces eaux sont dites séléniteuses. Elles sont jaunâtres quand elles contiennent plus de 0,50 c. de sels de soude par litre. Elles ont alors le grave inconvénient d'irriter le tube digestif et de provoquer des entérites. L'instruction du 12 décembre 1881 indique le moyen de corriger ces eaux. « Pour permettre la cuisson des légumes avec des eaux séléniteuses, dit-elle, on ajoute une pincée de cristaux de soude (carbonate de soude) ou de cendres par litre. Si l'eau séléniteuse doit servir de boisson, on peut, pour en favoriser la digestion, l'additionner d'un peu de liqueur alcoolique qui remédie à sa crudité. Il est probable que l'addition d'une proportion convenable de carbonate de soude l'améliorerait considérablement. »

Ces recommandations trouveront d'autant plus leur place ici que les eaux de nature séléniteuse ne seraient pas rares à Madagascar.

Les filtres ont pour but de débarrasser l'eau des corps solides, matières organiques, organismes et matières minérales, qu'elles peuvent contenir. Parmi ces filtres les uns sont grossiers et n'arrêtent au passage que les impuretés et les matières d'un certain volume, les autres retiennent dans leurs mailles jusqu'aux microbes.

Les premiers filtres sont des filtres de nécessité; ils ne peuvent empêcher ni la propagation de la fièvre typhoïde, ni de la dysenterie, ni du choléra, ni du miasme paludéen; ils n'en rendent pas moins de réels services, car ils peuvent éliminer de l'eau les parasites qui se trouvent dans les eaux de Madagascar.

Tous les corps agissant d'une façon exclusivement mécanique constituent des filtres de cette catégorie. Les grès, les sables, le gravier, les masses poreuses de laine dégraissée par l'ébullition dans la lessive, les éponges, sont des filtres de nécessité. Un filtre fréquemment employé en campagne est celui qu'on fabrique à l'aide d'une couverture pliée et suspendue en forme d'entonnoir. Les Malgaches se servent comme filtre de leur chapeau et évitent ainsi le tænia.

L'instruction du 12 septembre du Conseil de Santé « sur les moyens de corriger l'insalubrité des eaux potables » indique le moyen suivant de filtration qui peut être employé dans tous les camps.

« On place un tonneau défoncé debout sur un chantier assez élevé. Ce tonneau est percé à sa partie inférieure d'un trou dans lequel on enfonce un roseau qui sert de tuyau de décharge. On remplit à moitié le tonneau de cailloux de plus en plus petits et on termine par une couche de sable fin de rivière. » On peut rendre cet appareil plus actif « en interposant dans la couche de cailloux un lit de charbon de bois concassé, ou plus simplement en laissant flotter ce charbon dans l'eau qui remplit la partie supérieure du tonneau, qu'il est bon de munir d'un couvercle ».

Mais les filtres par excellence sont ceux qui retiennent dans leurs pores les microbes. Deux filtres ont été construits et sont usités dans ce but: l'un est la bougie Chamberland, l'autre le filtre Maignen. — La bougie Chamberland a fait ses preuves; le filtre Maignen, au dire de son auteur, aurait l'avantage, outre la faculté de corriger l'eau au point de vue microbiologique, de la débarrasser d'un certain nombre de sels. Dans la bougie Chamberland, l'eau passe à travers des cylindres (bougies) de porcelaine dégourdie ou biscuit, substance qui, d'après Pasteur, arrête les microbes. Ce filtre serait parfait s'il n'exigeait pas une certaine pression (1 à 4 atmosphères), si le passage de l'eau n'était pas très lent, et si la porcelaine dégourdie n'était pas fragile. Ce filtre est utilisable partout dans les installations fixes.

Dans le filtre Maignen, la correction de l'eau se fait par le moyen de deux substances : une poudre de charbon et de chaux réduite en particules impalpables et une toile d'amiante : la première retient certains sels; la seconde, les microbes. Le filtre Maignen a reçu diverses formes utilisables en campagne. Il a été fait des modèles de réservoirs transportables pour voiture, des modèles à baquets qu'on peut charger à dos de mulets, et qu'on peut utiliser dans les ambulances, des filtres individuels comme le filtre-monstre, le filtre-sac. Ces derniers doivent être l'une des parties essentielles du bagage de tout officier, de tout colon, un objet dont on ne doit jamais se séparer soit en station, soit en colonne. Quant aux filtres destinés aux collectivités, il serait bon que chaque compagnie en fût pourvue; ils sont d'ailleurs peu encombrants et facilement transportables.

Dans les stations, on peut se servir des bougies Chamberland. Celles-ci sont agglomérées en batterie. On les emploiera dans les casernements dépourvus d'eau de source et où existe dans les conduites une pression égale à 10 mètres au moins. Rappelons ici quelques données essentielles sur le débit de ces filtres et sur les soins qu'exigera leur entretien.

Le filtre simple à une bougie débite 50 litres minimum par 24 heures sous une pression de 10 mètres et peut servir à l'alimentation de 10 hommes.

10 bougies, soit deux appareils ou batteries de 5 filtres simples peuvent suffire pour une compagnie. Le montage de la bougie qui se compose de 4 pièces, bougie, rondelle de caoutchouc, manchon, écrou, est facile. Le nettoyage se fait avec une éponge ou une brosse, une fois par semaine. Il faut stériliser la bougie tous les mois, en la plongeant dans l'eau bouillante pendant 10 minutes. On peut se servir comme récipient contenant l'eau bouillante de la marmite de tisanerie de l'infirmerie.

HYGIÈNE.

Lorsqu'on n'a pas de filtre Maignen ou Chamberland à sa disposition, on fera bouillir l'eau. L'ébullition prolongée de l'eau est en effet un moyen radical de se débarrasser des microbes qu'elle contient, car aucun d'eux ne résiste à une température de 120 degrés. Seulement il ne faudra pas oublier, après l'ébullition, d'aérer le liquide soit en le faisant tomber d'une certaine hauteur, d'un récipient dans un autre, soit en le battant avec une petite verge composée de brindilles de bois préalablement passées elles-mêmes dans de l'eau bouillante. Sans cette précaution, l'eau bouillie, privée d'air, est indigeste et fade. On pourra relever également cette eau en l'additionnant avec un peu de thé ou de café dont le propre est de produire une stimulation générale.

Mieux vaut s'abstenir de la glace qui emprisonne les microbes et qui, par sa température, peut déterminer la diarrhée.

L'HABILLEMENT

Non moins que l'alimentation, l'habillement ne doit pas contrarier l'organisme dans l'effort spontané qu'il fait pour se mettre en harmonie avec le milieu ambiant. On sait aujourd'hui que la nature des tissus et leur couleur ont une grande influence sur le pouvoir absorbant et émissif du calorique, que les uns nous protègent bien mieux contre le froid et d'autres contre la chaleur. Le coton, par exemple, et la toile s'échauffent moins que le drap. La couleur blanche d'une étoffe, d'autre part, la rend plus fraîche qu'aucune autre teinte. Ces notions connues, on voit qu'à Madagascar où il existe deux saisons, la saison chaude et la saison fraîche, le meilleur costume sera, pour l'été, les étoffes de coton et de toile, pour l'hiver les étoffes de laine, la flanelle et le drap. Indigènes et colons ont eu la parfaite intuition de cette nécessité. Le costume des Malgaches est bien approprié au milieu climatérique et les colons emploient un costume de coton blanc avec tricot et chemise légère, ou un costume en drap léger, brun ou bleu. Le premier de ces costumes est excellent pendant toute la saison de chaleur, le second pendant la saison des pluies. Il serait bon aussi que pendant cette saison on fît usage d'un vêtement imperméable, employé surtout sous la forme de couvertures de nuit ou de manteaux. On peut sans doute reprocher aux vêtements de cette nature d'être étouffants, mais aujourd'hui, grâce aux progrès accomplis par l'industrie, on est arrivé à pallier cet inconvénient en partie et à fabriquer des tissus qui, parfaitement imperméables à l'eau, conservent leur perméabilité à l'air. Le progrès sera complet lorsque l'on sera parvenu à obtenir le libre passage à travers leur trame de la vapeur d'eau.

La coiffure constitue à Madagascar la partie la plus délicate peut-être du vêtement. Il faut qu'elle assure à la tête une protection efficace contre l'action directe du soleil tout en évitant son échauffement à elle par la rétention de sa propre chaleur. Cette double indication est loin d'être remplie par les diverses sortes de coiffures usitées en France, chapeau à haute forme, chapeau en feutre, chapeau mou. Pour ne citer qu'un exemple, le chapeau à haute forme emmagasine dans son intérieur jusqu'à 46 degrés de chaleur en été, en France, à la suite d'une course au soleil. Le chapeau du Malgache, à larges bords, que pourraient porter avec plus ou moins de modifications les colons, paraît remplir ces indications. Il en est de même du casque en liège, à évent supérieur et à support en couronne, recouvert d'une coiffe de toile blanche que l'on emploie dans les troupes coloniales. Le port constant de cette dernière coiffure s'impose absolument à Madagascar qui est un pays de chaleur humide. Il ne faut pas oublier surtout de garder le casque sur la tête par tous les temps, quand on sort ou même quand on est sous un abri insuffisamment épais, le danger de l'insolation existant par un temps légèrement couvert aussi bien que par un ciel absolument dégagé de nuages.

La chaussure doit être bonne, c'est-à-dire être faite pour le pied. La forme doit être en rapport avec la disposition anatomique du pied. A Madagascar, en effet, plus qu'en Europe, il y a lieu d'éviter toute excoriation ou plaie par la chaussure, ces solutions de continuité étant autant de portes ouvertes aux parasites qui vont produire diverses dermatoses ou diverses ulcérations du pied et des chevilles. A ce point de vue, le godillot, avec ses guêtres à sous-pieds qu'imprègne l'humidité, présente de grands inconvénients, surtout dans un pays où se trouvent des rizières et des endroits marécageux comme Madagascar. Le brodequin vaut mieux. Mais ce qui est supérieur encore aux brodequins, ce sont les espadrilles. En général l'espadrille est, comme on sait, considérée comme une chaussure de repos, mais elle peut, à la rigueur, servir de chaussure de marche pour les hommes excoriés. Il suffit, pour cela, d'en revêtir, par les temps humides, la semelle d'une couche extérieure imperméable. L'armée espagnole, aux colonies, se sert d'espadrilles.

Telles sont les conditions que doit remplir l'habillement des Européens à Madagascar et tel est le meilleur mode de se vêtir. S'inspirant fort judicieusement de ces données, les médecins militaires ont préconisé et le Ministère de la guerre a adopté pour les troupes du corps expéditionnaire de Madagascar, un habillement complet répondant à ces desiderata. Les troupes ont été munies du casque et du béret; elles sont pourvues d'espadrilles. La veste et le pantalon sont en toile cachou, que pourra remplacer, pendant la saison froide, pendant les pluies, un vêtement en flanelle et molleton. Mieux que le drap même en effet, la flanelle par suite de son pouvoir absorbant de la sueur et de la largeur de ses mailles qui emprisonnent l'air, est une étoffe précieuse au point de vue de la protection contre les variations de la température du milieu ambiant.

L'HABITATION

L'habitation, pour être bonne, doit être bien située, bien construite, bien aménagée; elle doit être un milieu compensateur de celui du climat, c'est-à-dire qu'elle doit être fraîche pendant la saison chaude, et chaude pendant la saison fraîche; elle doit en outre protéger l'habitant contre la pluie, le vent, et surtout contre les émanations du sol.

Pour bien remplir ces conditions, l'habitation à Madagascar doit, comme le vêtement, préserver le plus qu'on peut de la chaleur. Ainsi le grand axe de la maison sera, d'ordinaire, orienté est-ouest, de façon que ses deux grandes faces regardant respectivement le nord et le sud subissent le moins possible le contact des rayons du soleil. Cependant cette règle ne sera pas absolue. Dans le voisinage de foyers palustres, il faudra l'orienter en sens inverse de la direction des vents qui viennent de ces foyers. A Madagascar, ce sont, en général, les vents sud-est et nord-ouest qui sont chargés de ces effluves palustres, et le plus grand nombre des ouvertures des maisons devra en conséquence être dirigé vers le nort-est.

Les meilleurs matériaux à employer pour la construction sont la brique et la pierre. On évitera le plus possible de se servir de baraquements en planches recouverts de tôle. On crée ainsi un milieu qui défend mal contre la chaleur, et les accidents d'insolation sont à craindre dans l'intérieur même de la construction. Si l'on est obligé d'employer la tôle, il faudra de toute nécessité doubler le toit d'un plafonnage.

L'emplacement devra être choisi avec soin. On évitera de construire sur un sol meuble, riche en matières organiques à proximité d'un marécage. Tous les bas-fonds où l'humidité est entretenue par l'accumulation des eaux coulant des pentes voisines devra être proscrit. On donnera la préférence aux pentes d'une colline naturellement asséchées par le drainage de l'inclinaison et où l'aération est suffisante sans être excessive comme sur les sommets. Le sol qui sert de base à la construction devra toujours être soumis à un battage et à un foulage énergiques, puis être revêtu d'une couche de ciment imperméable ou de béton. Au-dessus il serait bon, pour plus de sécurité, de disposer un rez-de-chaussée à jour, en voûte ouverte, qui permettrait à un courant d'air permanent de balayer le dessous de la maison et d'assurer son isolement de la terre.

Les planchers devraient être imperméables, jamais en bois, alors même que ce bois serait injecté de diverses substances, mais en ciment pour le rez-de-chaussée et en bitume pour les autres étages. Les murs et les plafonds seront recouverts d'un enduit imperméable. Les stucs en plâtre et en marbre sont bien supérieurs sous ce rapport au plâtre qui s'altère trop facilement par l'humidité. Murs et plafonds seront désinfectés fréquemment par des lavages antiseptiques tels que la solution d'acide phénique au 1/100 ou la solution de sublimé au 1/1000.

La maison ainsi construite doit être ventilée. L'aération de l'habitation est encore plus nécessaire à Madagascar qu'en Europe, car ici elle a pour mission non seulement d'assurer à l'homme sa ration atmosphérique, mais d'abaisser la température de l'air ambiant. Tous les procédés d'aération artificielle ou naturelle usités en Europe peuvent être employés. On peut se servir de valves ou châssis mobiles s'ouvrant vers l'intérieur de l'appartement et dans la direction du plafond, de vitres perforées, de ventouses, de carreaux grillagés. Mais le meilleur procédé de ventilation est encore l'aération par les fenêtres toutes grandes ouvertes. L'abaissement de la température dans l'intérieur de la maison pourra d'ailleurs être aussi obtenu par la construction d'un large auvent tout autour de la maison, au rez-de-chaussée et à chaque étage, et qui aura pour résultat de protéger l'habitation contre les rayons de soleil.

Lieu d'évacuation des immondices. — On ne peut songer à appliquer à Madagascar les systèmes compliqués d'évacuation des grandes villes d'Europe. Pourtant l'évacuation des déchets de toutes sortes qui sont autant de foyers d'infection n'en doit pas être moins l'objet des préoccupations les plus sérieuses. Dans l'espèce, il faut tout d'abord abandonner le système des fosses fixes et adopter celui des tinettes mobiles. Ces dernières seront garnies d'un mélange constitué par de la paille hachée, de la terre sèche, du charbon. Elles seront remplacées tous les jours, et débarrassées de leur contenu et ne devront être remises en service qu'après avoir été lavées complètement avec une solution phéniquée forte.

LE GENRE DE VIE

Aux prescriptions relatives à l'alimentation, à l'habillement, à l'habitation, il faut, pour être complet, ajouter celles qui regardent le genre de vie à mener aux colonies. La vie doit être très régulière de même que les repas et le sommeil. Ce dernier devra durer à peu près autant qu'en Europe, c'est-à-dire pendant sept heures. Il est à remarquer en effet que si, dans la Grande-Ile, le sang a moins besoin d'être oxygéné qu'en Europe, les pertes de l'organisme n'en sont pas moins pour cela considérables, soit par les fonctions exagérées de la peau, soit par les chaleurs excessives du climat. Aussi le sommeil doit-il être regardé comme une réparation compensatrice et nécessaire. D'autre part la régularité des repas ne favorisera pas l'apparition de la dyspepsie toujours à redouter.

Le travail, qu'il s'agisse de travail physique ou de travail intellectuel, devra être modéré. En tout cas il devra être moindre qu'en pays tempéré. Par suite de l'anémie qui atteint l'organisme, en effet, là limite des forces humaines est plus facilement atteinte dans les climats chauds qu'en Europe. Pendant les grandes chaleurs, les marches qui ne seront pas absolument nécessaires seront supprimées; les exercices ne devront avoir lieu que le matin de 6 heures à 9 heures ou de 4 heures de l'après-midi à 5 heures et demie. Encore faudra-t-il avoir la précaution de ne pas sortir avant le lever ou après le coucher du soleil. Les sorties en plein jour, pendant la saison estivale, sont toujours dangereuses, de même que les sorties de nuit à cause des exhalaisons palustres. On ne sortira jamais, en tout cas, le matin à jeun.

Les excès sexuels contribuent à l'affaiblissement de l'organisme encore plus que les excès de travail et de veille. Il ne faut pas oublier qu'en pays torride, les fonctions de la génération sont, pour l'Européen, celles dont il faut impitoyablement proscrire l'abus. La faible mortalité des personnes pratiquant la continence, remarquée déjà au Sénégal, en est une preuve que l'on pourrait fournir aussi bien à Madagascar. De tous les colons, ceux qui ont la longévité la plus longue sont souvent les missionnaires. Parmi eux, il y en a qui vivent depuis plus de 30 ans à Madagascar, et leur état de santé est une preuve vivante de ce que l'on peut obtenir de l'organisme, quand on observe les règles d'hygiène prescrites pour ce climat.

Les bains et le lavage de la peau sont, on le comprend, plus nécessaires encore à Madagascar qu'en Europe. L'exagération du fonctionnement de la peau explique suffisamment cette nécessité. La douche, l'aspersion froide sont ici tout indiquées. Les bains de rivière seraient excellents si l'eau n'était souvent le véhicule de divers parasites. L'eau de lavage inoffensive est celle qui a subi au préalable une ébullition et qui a été graduellement refroidie, c'est suffisamment dire que le meilleur des bains est celui que l'on peut chauffer chez soi. On peut user aussi des bains de mer, mais avec modération, car leur abus, en irritant la peau déjà excitée, prédispose aux bourbouilles, à la gale et autres dermatoses.

CHAPITRE VI

HYGIÈNE PARTICULIÈRE DU SOLDAT EN CAMPAGNE ET DU COLON EN VOYAGE A L'INTÉRIEUR

Les considérations que nous venons de développer et les conseils que nous venons de donner visent surtout la vie de l'habitant sédentaire, colon ou soldat, mais il se trouve, dans l'existence à Madagascar, des situations où on pourrait les trouver insuffisantes : ce sont les situations du voyageur explorant le pays ou du soldat en campagne. Souvent il arrivera au voyageur de ne rencontrer ni case vaste et aérée, ni habitation quelconque; il n'aura pas toujours à sa disposition des vivres frais; l'eau qu'il boira sera celle qu'il trouvera sur son chemin[1]. Pareilles privations attendent aussi le soldat en expé-

[1]. Cette eau est très bonne dans la plus grande partie du plateau. Il n'en est pas de même sur les côtes ou dans les vastes plaines.

dition à l'intérieur; de plus, ce dernier doit marcher en troupes, aller d'étapes en étapes. Cette existence de nomades place le soldat ou le colon dans des conditions tout autres que la vie sédentaire. Il doit marcher quand, ailleurs, d'autres se livrent au repos; il doit camper, c'est-à-dire se faire une habitation temporaire, quand les autres jouissent d'une habitation permanente; il n'est pas libre d'avoir l'alimentation de son choix. A ce genre de vie, s'appliquent des règles d'hygiène particulière, relatives aux marches, au campement, règles non moins indispensables à connaître, que celles qui ont trait à la vie sédentaire dans des habitations permanentes.

Hygiène des marches. — Les règles d'hygiène à observer en marche sont les suivantes :

Avant la marche, les hommes doivent s'assurer avant tout de la propreté des pieds qui est la meilleure garantie de leur intégrité. Ceux qui sont sujets aux excoriations graissent avec du suif, la veille de chaque marche, les parties délicates. Ils veilleront surtout à la chaussure qui doit être portée, être brisée, souple aux pieds dont les ongles, les cors ou durillons peuvent être une cause de douleurs.

Pendant la marche. — Les rangs des soldats marchant en troupes doivent être espacés, afin d'aérer largement la colonne. S'il fait chaud, le col de la vareuse sera desserré; les repos seront rapprochés; la grande halte devant avoir lieu forcément pendant le milieu du jour, force sera de partir de bon matin ou même la nuit, en dépit des exhalaisons palustres, des brouillards ou des buées. Entre la marche au moment le plus torride de la journée, qui amènerait en quantité les insolations, et la marche matinale qui peut amener quelques intoxications palustres, il n'y a pas à hésiter. De deux maux il faut choisir le moindre et partir le matin.

Pendant les repos et la grand'halte, l'homme évitera de se coucher sur le sol, qui se trouve souvent plus échauffé que son corps lui-même ; il évitera avec soin de boire aux rivières, ruisseaux, mares et rizières inondées ; il puisera à l'eau de son bidon ; il ne quittera jamais son casque ou son béret. Le plus souvent qu'il sera possible, les sacs des hommes seront confiés à des porteurs.

Après la marche. — Examiner l'état des pieds: « Dès qu'on s'aperçoit qu'une partie quelconque a été « pressée douloureusement, il faut remédier à la gêne « produite en quittant les chaussures, s'il est possi-« ble, et graisser fortement avec du suif la partie lésée « et la partie de la chaussure qui frotte ; s'il y a écor-« chure, il faut entourer la plaie solidement et sans « pli, avec une bande imbibée d'eau blanche et grais-« ser le linge extérieurement, de manière à adoucir les « frottements. Les hommes qui ont des ampoules doi-« vent les traverser, au moyen d'une aiguille, d'un fil « graissé, laisser le fil dans l'ampoule et graisser en-« suite avec du suif. Chaque jour, à l'arrivée, on doit « se nettoyer avec un linge légèrement humide et les « essuyer. Il ne faut pas se laver les pieds à grande « eau. » Ces judicieux conseils, que nous empruntons au règlement sur le service intérieur (article 359 infanterie et 351 cavalerie), suffiront, s'ils sont suivis, pour diminuer d'une manière sensible le nombre des éclopés et des traînards qui sont la plaie de toute colonne expéditionnaire.

Habitations temporaires. Bivouac. — La marche terminée, il faut procéder à l'installation d'un campement, dans tous les endroits où les habitations ne sont pas assez nombreuses pour abriter une colonne, et ce sera toujours le cas à Madagascar. Tantôt les hommes auront à s'établir pour un séjour très court, sous des abris improvisés ou en plein air, et alors ils bivouaqueront (article 39 du décret du 26 octobre 1883); tantôt ils s'installeront sous des tentes pour un temps plus ou moins long, et alors ils camperont. Le premier mode de stationnement a contre lui de ne pas préserver les hommes du refroidissement nocturne qui pourrait être si funeste dans toute la région du plateau central. Qu'il nous soit permis de donner ici quelques recommandations qui en pourront du moins atténuer les fâcheux effets.

« Autant que possible les bivouacs sont établis sur « des terrains secs, abrités et à portée des ressources « en eau, en bois et en fourrage. » (Article 63 du décret du 26 novembre 1883.)

Il faudra éviter les endroits marécageux à joncs ou plantes aromatiques, et s'établir de préférence non loin de sources, de fontaines et de bois. Le sol ne doit pas être remué, et l'on étendra, à défaut de la paille, de l'herbe sèche, de la mousse, du foin, des feuilles sèches, pour éviter le contact du sol. A défaut de la tente, les hommes peuvent se construire des abris, des brise-vents. Dans certaines conditions, les hommes pourront confectionner, avec des branches, des sortes de *claies de couchage* qui les isoleront du sol. Un abri léger, qu'il sera souvent facile de construire, est celui qui consiste dans la fixation en terre de deux fourches supportant une traverse horizontale, sur laquelle s'appuie une toiture de branchages, de paille, etc. Ces abris peuvent se disposer particulièrement autour d'un feu. Les hommes se rouleront dans leur capote ou leur couverture, ou mieux encore dans leur caoutchouc, s'ils en ont; les voyageurs dans leur manteau de drap ou un plaid; ils s'entoureront de leur ceinture de flanelle; ils se garantiront les pieds, le plus possible, du froid et de l'humidité (article 360 infanterie, article 353 du décret du 28 décembre 1883), et se tiendront la nuit les pieds tournés au feu, la calotte enfoncée jusque sur les yeux ou, à son défaut, la tête et les yeux enveloppés d'un mouchoir.

Camps temporaires. — Dans les camps temporaires, l'abri habituel du soldat est la tente. La tente la meilleure sera celle dont l'étoffe sera imperméable et mauvaise conductrice de la chaleur. Les tissus qui servent à sa composition sont tantôt de la toile de lin ou de chanvre, tantôt de coton; mais la laine est supérieure à tout. En Algérie et en Tunisie, on se sert de la tente-abri (sac-tente-abri avec support brisé), où elle a rendu les plus grands services. Mais elle doit être remplacée par la tente modèle Waldéjo. Constituée par une toile losangique, cette dernière peut à elle seule, abriter un homme de côté, en formant, lorsqu'elle est supportée par un piquet, deux côtés d'une pyramide triangulaire; avec deux toiles, on obtient une pyramide quadrangulaire, fermée sur toutes les faces. Avec quatre, six, huit toiles, on dresse une tente ayant la forme d'un solide dont la base est un hexagone irrégulier.

La tente conique, qui sert de tente d'ambulance ou de magasin, mais que l'on donne aussi à la troupe, lorsque le campement doit être de quelque durée, a une capacité de 30 mètres cubes, et un diamètre de 6 mètres; elle est destinée à 16 hommes.

La tente de marche, ou tente bonnet de police, est celle dont font usage les officiers. La tente Waldéjo est en coton. La tente conique et la tente de marche sont de toile en tissu de lin ou de chanvre.

Conseils pour l'établissement d'une tente. Avant d'établir une tente, le sol doit être asséché et battu; on en extraira les herbes et les racines, on creusera une rigole au pied de la tente pour faciliter l'écoulement des eaux, et on ménagera un rebord sur lequel on puisse étendre les effets.

Il ne faut pas oublier que le sol sur lequel s'élève la tente s'imprègne facilement de toutes les matières organiques qui y sont déposées. L'intérieur de la tente devra donc être de la plus grande propreté. Une excellente mesure, d'ailleurs, pour maintenir au camp toute sa salubrité, sera de déplacer les tentes tous les huit jours, ou tout au moins de les abattre complètement, afin de mettre en contact le sol et l'air.

Le règlement militaire (article 360 infanterie, article 343 cavalerie, du décret du 28 décembre 1883) contient les prescriptions suivantes qui fixent d'une manière très sage la matière.

« Dès que le soleil paraît, les tentes sont ouvertes et relevées du côté du soleil; la paille de couchage est remuée et exposée au grand air; les effets sortis et battus, ainsi que les couvertures.

« Si de la paille est distribuée, on la répartit également sur le sol intérieur, principalement sur la partie où les hommes doivent placer la tête. Si l'on n'a pas de paille, on ramasse de l'herbe sèche, de la mousse, du foin, des feuilles sèches, pour éviter le contact du sol. Il ne faut jamais se coucher sur des plantes aromatiques ou odorantes, ni sur des joncs ou plantes vertes qui croissent dans les endroits marécageux. »

Ces règles ont trait à l'assainissement de la tente ; les suivantes, que nous empruntons au Dr Viry[1], ont rapport à l'assainissement général du camp.

Le sol du camp sera asséché et drainé ; ses rues seront entretenues comme celles d'une ville ; les immondices de toute nature seront enlevées ; la tente et les alentours seront balayés avec soin ; les ordures seront portées au loin, brûlées ou enterrées (art. 360 infanterie, art. 355 cavalerie, du décret du 28 décembre 1883).

On veillera avec soin afin d'empêcher l'infiltration du sol par les eaux ménagères et les urines (même article du même décret).

On veillera de même à la propreté des sources. Le puisage, s'il y a lieu, sera réglé de telle façon que l'eau destinée aux hommes soit recueillie en amont de celle qui servira aux animaux et au lavage du linge.

Les animaux devront changer assez souvent de place pour que le sol ne devienne pas fangeux par le contact prolongé de leurs déjections.

Les boucheries et le parc des animaux seront situés à une certaine distance des tentes ; les débris d'animaux seront enfouis et recouverts de chaux.

Les feuillées. — Dans le cas d'une installation temporaire de très courte durée qui ne permettra pas l'établissement de fosses mobiles (tinettes) on recourra aux feuillées creusées d'après un procédé très simple

---

1. *Manuel d'hygiène militaire*, p. 103, par le Dr Viry.

prescrit par le directeur du Service de santé du corps expéditionnaire du Tonkin, M. Dujardin-Beaumetz. Ce procédé consiste à creuser, à une certaine distance du camp, une série de sillons de la largeur de la pelle réglementaire et d'une profondeur de 1 mètre à 1^m,20 en rejetant la terre sur les côtés. L'homme se place au-dessus d'elle; puis, en se retirant, repousse avec son pied un peu de terre au fond de la fosse. « Trois fois par jour, le matin, à deux heures de l'après-midi, au coucher du soleil, le chef du poste, ou du cantonnement fait jeter dans les fosses de la terre et une solution désinfectante (sulfate de fer ou de cuivre, 15 grammes par litre d'eau), ainsi que les cendres des foyers. Une fois remplis à moitié, les sillons sont comblés avec de la terre qu'on foule[1]. » Il est extrêmement important de bien établir ces feuillées (sillons) et de les désinfecter journellement, car les germes du choléra et de la fièvre typhoïde se déposent en majeure partie dans les matières fécales et les déjections des malades, et toutes les personnes qui se rendent à la même feuillée, et, par elles, toute la troupe, peuvent contracter ces maladies épidémiques. La contamination des diverses troupes qui se succèdent aux mêmes campements n'a, presque toujours, pas d'autre origine.

CONCLUSIONS GÉNÉRALES

En somme, le climat de Madagascar, quoique étant un climat chaud à température constante, n'est pas,

---

[1]. DUJARDIN-BEAUMETZ, *Instruction à l'usage des postes dépourvus de médecin*, Hanoï, 1886.

considéré dans son ensemble, comme un des climats qui soient le plus à redouter pour l'Européen. Si sur les côtes il est, à bon droit, jugé comme un climat torride, il se rapproche davantage dans l'intérieur des climats tempérés. Il ne saurait justifier non plus, dans sa généralité, le renom d'extrême insalubrité dont il a été gratifié jusqu'à nos jours. La mauvaise réputation du littoral oriental de l'île qu'on a appelé le cimetière des Européens paraît s'être étendue bien à tort à tout le plateau intérieur. Ici encore on paraît s'être hâté de généraliser trop vite. Même le nord et le sud de la côte orientale ont été certainement calomniés. A Fort-Dauphin, dans le Sud, et à Diégo-Suarez dans le Nord, les fièvres sont loin d'avoir l'intensité et la puissance de propagation qu'elles ont dans l'Est. Dans toute l'île, même dans les parties citées comme les plus malsaines, on ne mentionne pas l'existence des maladies épidémiques communes à beaucoup de pays chauds. On n'a pas entendu parler à Madagascar de fièvre jaune et de choléra. Même les diarrhées et les dysenteries n'y acquièrent pas la gravité et la fréquence qu'elles revêtent dans beaucoup de pays.

Les deux grands ennemis de l'Européen dans l'île sont l'anémie et les fièvres palustres. L'anémie est la conséquence forcée, inévitable du climat ; nul Européen n'y échappe. La fièvre paludéenne aurait jusqu'ici frappé d'autre part à peu près tous les Européens immigrés, mais à des degrés d'intensité bien variable. Souvent l'intoxication ne se serait révélée que par des embarras gastriques ou intestinaux assez légers.

Le plus grand ennemi de l'Européen immigré serait ici, non le climat, mais lui-même. Plus que la terre de

Madagascar, ce qui tue ce sont les excès, le mépris des règles hygiéniques, c'est l'incurie et l'obstination des immigrants qui affichent souvent un mépris souverain pour les précautions dont s'entourent les colons, qui couchent sur le sol nu, boivent des eaux non filtrées ni bouillies, mettent toutes sortes de négligences dans leur alimentation, leur vêtement, les soins de propreté, se livrent aux excès. Ainsi et grâce à eux seuls s'opère dans leur organisme une détérioration lente et sûre qui lui enlève sa résistance aux maladies. Que l'immigrant suive au contraire les exemples des vieux colons, qu'il tienne compte du climat de Madagascar et des conditions mêmes auxquelles peut s'y entretenir la vie de l'homme, il se maintiendra dans les mêmes conditions de santé que ceux qui l'ont précédé sur la terre malgache et qui y vivent depuis plus de 30 ans sans grand détriment pour leur organisme. Il colonisera Madagascar.

PHARMACIE

Quelques cataplasmes **Lelièvre** qu'on découpe et qu'on fait tremper dans de l'eau tiède avant de les appliquer sur le bouton malgache au début de son évolution ;

De l'huile phéniquée qui sert à les arroser ;

Des bandelettes de diachylon pour le traitement de l'ulcère de Madagascar ;

Des paquets de sulfate de quinine de $0^{gr},50$ et de $0^{gr},30$, des paquets d'ipéca de 1 gramme comme émétique ;

Du calomel comme purgatif ;

Du sulfate de magnésie ou du sulfate de soude dans le même but;

Du laudanum comme calmant;

Du **bicarbonate de soude** contre les digestions difficiles;

Du sous-nitrate de bismuth pour les diarrhées;

De l'ammoniaque pour les piqûres d'insectes;

Du perchlorure de fer pour les hémorrhagies intenses;

De l'iodoforme pour les plaies;

De l'acide phénique pour laver les blessures;

De la pommade à l'oxyde de zinc et à l'acide borique pour le bouton malgache après son ulcération;

De l'**acide citrique** pour faire des boissons rafraîchissantes; dosage : 1 gramme par litre;

De l'ouate phéniquée hydrophile (absorbant l'eau), et quelques bandages au sublimé pour les pansements;

De l'extrait fluide de quinquina jaune pour les accès ictéro-hémorrhagiques;

On se munira en outre d'un petit thermomètre, d'une petite seringue en verre et d'épingles de diverses grandeurs.

Dr ROUIRE,

Médecin-major.

BIBLIOGRAPHIE

Abinal (Rév. P.). Voir La Vaissière.
Ackerman. Histoire des révolutions de Madagascar. *Paris*, 1833, in-8.
Ackerman. Projet de voyage à Madagascar. *Paris*, 1838, in-8.
Affaires de Madagascar (documents diplomatiques). *Paris*, 1881-1886, in-4.
Albrand. Notes sur Madagascar. *Paris*, 1844, in-8.
Allard (L.-E.). L'immigration française à Madagascar. *Paris*, 1895, in-8.
Anker. Kortfattet oversigt over det Norske Missionsselkabs virksomhed i Sydafrica og paa Madagascar. *Bergen*, 1876.
Annuaire de Madagascar. *Tananarive*, 1894, in-12.
Antananarivo Annual and Madagascar Magazine. *Antananarivo*, 1875 et suiv.
Audebert. Ueber die wilden Völkerstämme Madagaskars (C. R. de la Soc. de Géogr. de Berlin, 1883).
Le même. Beiträge zur Kenntniss Madagaskars. *Berlin*, 1883.

Barbié du Bocage. Notice géographique sur l'île de Madagascar. *Paris*, 1858, in-8.
Le même. Madagascar possession française depuis 1642. *Paris*, 1862, in-8.
Beaujeu (P. de). Madagascar. *Paris*, 1884, in-4.
Benyowski. Voyages et Mémoires. *Paris*, 1791, in-8.
Besson. Voyage au pays des Tanala indépendants de la région d'Ikongo. *Paris*, s. d., in-8.
Blanchard (E.). L'île de Madagascar : un récent voyage scientifique (Rev. des Deux Mondes, 2e sem., 1872).
Boisduval (J.-A.). Faune entomologique de Madagascar, Bourbon et Maurice. Lépidoptères. *Paris*, 1833, in-8.
Bonnavoy de Prémont. Rapport à l'empereur sur la question malgache et la colonisation de Madagascar. *Paris*, 1856, in-8.

Bonnemaison. Histoire de Madagascar, îles sous notre protectorat, lacs et fleuves. *Tarbes*, 1894, in-8.
Boothby (R.). Description of the most famous island of Madagascar or Saint-Lawrence... and proposal for an english plantation there. *London*, 1646, in-4.
Bordier, Instruction sur l'île de Madagascar. *Paris*, 1878, in-8.
Bresnier (J.). La question de Madagascar. *Paris, s. d.*, in-8.
Buet (Ch.). Six mois à Madagascar. *Paris*, 1884, in-12.
Le même. Madagascar, la reine des îles africaines. *Paris*, 1883, in-8.

Camboué (R. P.). Causerie scientifique. Coutumes juives à Madagascar. *S. l. n. d.*, in-8.
Carayon (L.). Histoire de l'établissement français de Madagascar pendant la Restauration. *Paris*, 1845, in-8.
Castonnet des Fosses. Les intérêts français à Madagascar. *Lille*, 1886, in-8.
Castonnet des Fosses. Madagascar. *Paris*, 1884, in-8.
Cauche (Fr.). Relations véritables et curieuses de l'île Madagascar, autrement Saint-Laurent. *Paris*, 1651, in-4.
Caunière. De la médecine naturelle indo-malgache. *Paris*, 1862, in-12.
Caussèque (R. P.). Madagascar. Statistiques et légendes d'après les documents officiels. *Paris*, 1893, in-8.
Chabaud (M.). Madagascar. Impressions de voyage. *Paris*, 1893, in-12.
Challand. Vocabulaire français et malgache. *A l'île de France*, 1773, in-8.
Colin (Rév. P.). Travaux astronomiques et magnétiques à Madagascar en 1892 (C. R. Ac. Sc., 5 et 12 mars 1894).
Crémazy. L'île de la Réunion et Madagascar. *Paris*, 1861, in-8.

Dahle (L.). Madagaskar og dets Beboere. *Christiania*, 1876.
Dalmond (L'abbé). Exercices de la langue sakalave. *Ile Bourbon*, 1841, in-12.
Davenant (Sir W.). Madagascar. *London*, 1648, in-4.
Deblenne (Dr P.-R.). Essai de géographie médicale de Nossi-Bé près Madagascar. *Paris*, 1883, in-8.
Delaunay (E.). Trois mois chez les Madécasses. *Rouen*, 1887, in-8.
D'Escamps (H.). Histoire et géographie de Madagascar. *Paris*, 1884, in-8.
Douliot. Voy. à la côte O. de Madag. *Paris*, J. André, 1895.

BIBLIOGRAPHIE.

Ducuron-Lagougine. La France à Madagascar. *Paris*, 1887, in-8.
Dupré. Trois mois de séjour à Madagascar. *Paris*, 1863, in-8.

Ellis (W.). History of Madagascar. *London*, 1838, in-8.
Le même. Three visits to Madagascar. *London*, 1858, in-8.
Le même. Madagascar revisited. *London*, 1867, in-8.

Ferrand. Les musulmans à Madagascar et aux îles Comores. *Paris*, 1894, in-8.
Flacourt (de). Histoire de la grande île de Madagascar. *Paris*, 1658, in-4.
Le même, 2º édition avec additions. *Paris*, 1661, in-4.
Le même. Dictionnaire de la langue de Madagascar. *Paris*, 1658. in-8.
(Flacourt.) Éloge de monsieur de Flacourt. *Paris*, 1661, in-4.
Froberville (de). Recherches sur la race qui habitait l'île de Madagascar avant l'arrivée des Malais. (Bull. Soc. de Géogr. 1839, 2º série, tome XI.)
Le même. Mémoires sur les progrès des découvertes géographiques dans l'île de Madagascar. (Bull. Soc. de Géogr. 1844, 3º série, tome I.)
Foucart (G.). Madagascar, commerce, colonisation. *Paris*, 1894, in-12.

Gaalon de Barzay (Comte de). La question de Madagascar après la question d'Orient. *Paris*, 1856, in-8.
Génin. Madagascar, les îles Comores, Mayotte, La Réunion. *Paris*, 1887, in-12.
Geoffroy (Lislet). Memoir and notice explanatory of a chart of Madagascar and the N.-E. Archip. of Mauritius. *London*, 1819, in-4.
Germain. La côte orientale de Madagascar. *Paris*, 1865, in-8.
Grandidier (A.). Notice sur les côtes S. et S.-O. de Madagascar, et leurs habitants avec carte (Bull. Soc. de géogr. 1867.)
Le même. Une excursion dans la région australe chez les Antandroy. (Bull. de la Soc. Sc. et Arts de la Réunion, 1868.)
Le même. Note sur la côte S.-E. de Madagascar. (Bulletin de la Soc. de géogr. 1868.)
Le même. Notes sur les recherches géographiques faites dans l'île de Madagascar de 1865 à 1870. (C. R. Acad. des sciences, 28 août 1871.)
Le même. Madagascar avec carte. (Bull. de la Soc. de géogr. 1871).
Le même. Excursion chez les Antanosy émigrés. (Bull. de la Soc. de géogr. 1872.)

Grandidier (A.). Madagascar : ses habitants et leurs mœurs. (Bull. de la Soc. de géogr. 1872.)

Le même. Histoire physique, naturelle et politique de Madagascar (en cours de publication) : Ont paru l'Histoire de la Géographie de Madagascar, 1 vol. ; les 3 premiers vol. de l'Hist. des Mammifères ; l'Hist. des Oiseaux, 4 vol. ; l'Hist. des Poissons, 1 vol. ; l'Hist. des Lépidoptères diurnes, 1 vol. ; les 2 premiers fasc. de l'Hist. des Coléoptères ; l'Hist. des Formicides, 1 vol. ; l'Hist. des Hyménoptères, 1 vol. ; le 1er fasc. de l'Hist. des Mollusques ; les 3 premiers vol. de l'Hist. des Plantes ; soit en tout 17 vol. grand in-4, avec 1308 pl. Restent environ à paraître 30 volumes dont le premier à paraître prochainement, comprendra l'étude des habitants de Madagascar et de leurs mœurs.

Le même. La province d'Imerina, avec une carte hypsométrique de cette province à 1/500 000e. (Bull. de la Soc. de géogr. 1883.)

Le même. Les voyageurs français à Madagascar pendant les trente dernières années. Paris, J. André, 1894, in-8.

Le même. Notice sur ses travaux scientifiques. *Paris*, 1894. in-4.

Le même. Madagascar et ses habitants. *Paris*, 1886, in-4.

Le même. Les Hova : leur origine et leur caractère. (Rev. gén. des Sciences, 30 janvier 1895.)

Le même. Observations sur les Æpyornis (en coll. avec A. Milne-Edwards). (Ann. Sc. Nat., et Comptes rendus Ac. Sc., 15 janvier 1894.)

Le même. Observation sur les Hippopotames fossiles de Madagascar (en coll. avec M. Filhol). (Ann. Sc. nat., 1894.)

Le même. Du sol et du climat de Madagascar au point de vue de l'agriculture. (C. R. Ac. Sc., 30 avril 1894.)

Le même. Nombreuses notes d'histoire naturelle dans la Rev. et Mag. zool. (1867-1872), dans le Bull. Soc. Philom. (1876-1880), dans les Ann. Sc. Nat. (1867-1894), dans les Compt. Rend. Ac. Sc. (1867-1871), dans l'Album de l'île de la Réunion (1867).

Le même. Note sur les Vazimba. (Mém. publiés par la Soc. philom., 1880.)

Le même. Les coordonnées géographiques de Tananarive. (C. R. Ac. Sc., 25 sept. 1893.)

Le même. Des rites funéraires chez les Malgaches. (Rev. Ethnogr., juin 1886.)

Le même. Les canaux et les lagunes de la côte orientale de Madagascar, avec carte. (Bull. Soc. Géogr. *Paris*, 1er trim. 1886.)

Le même. Les cartes de Madagascar depuis les temps les plus reculés jusqu'à nos jours. (C. R. Ac. Sc., mars 1884.)

Le même. Un voyage scientifique à Madagascar. (Rev. scientif., 11 mai 1872.)

Grandidier (A.). La région septentrionale de Madagascar. (Journ. off., avril 1884 et Bull. Soc. Géog. Comm. Paris, 1884.)
Guillain (Capt.). Documents sur l'histoire, la géographie et le commerce de la partie occidentale de Madagascar (1842). *Paris*, 1845, in-8.

Hamond (W.). A paradox proving that the inhabitants of the isle called Madagascar or Saint-Laurence are the happiest people in the world. Whereunto is prefixed, a brief and true description of that island. London, 1640, in-4.
Hartmann (R.). Madagaskar und die Inseln Seychellen u. s. w. Leipzig, 1866, in-8.
Houlder (Rev. J.-A.). North-East Madagascar. A narrative of a missionary tour. *Antananarivo*, 1877, in-8.
Huard (L.). La guerre illustrée, Madagascar. Paris, s. d., in-8.
Hué (F.). Les Français à Madagascar. Paris, 1887, in-8.
Le même. La France et l'Angleterre à Madagascar. Paris, 1885, in-12.
Huet de Froberville. Collection des voyages de Mayeur (interprète de Benyowski) à Madagascar, s. l. n. d. in-fol. (manuscrit).
Huet de Froberville. Grand dictionnaire malgache. *A l'Isle de France*, in-fol. (manuscrit).
Hunt (Robert). Assada, near Madagascar impartially defined London, 1650, in-4.

Kerchove (Simon van). Beschrijving van't ship Arnhem van Batavia vertrokken den 23 december 1661. Haerkomst met de boot op't Eyland Mauritius met de beschrijving van den, het vertreck van de boot met 3 personen en de Kompst op Madagascar. *Amsterdam*, 1664, in-4.
Kessler (J.). An introduction to the language and literature of Madagascar, with hints to travellers. London, 1870, in-8.
Kestell-Cornish and Bachelor (R.-T.). Journal of a tour of exploration in the North of Madagascar. London, 1877, in-8.

Lacaille (L.). Connaissance de Madagascar. Paris, 1863, in-8.
Lacaze (Dr. N.). Souvenirs de Madagascar, histoire, population, mœurs, institutions. Paris, 1881.
Le même. L'île Bourbon, l'île de France, Madagascar. Paris, 1881.
Laillet. Renseignements utiles sur Madagascar. *Épinal*, 1877, in-8.
Le même. Madagascar. Paris, 1884, in-12.
La Vaissière (P.-C. de). Histoire de Madagascar, 2 vol. *Paris*, 1885.
Le même (en coll. avec le P. Abinal). Vingt ans à Madagascar. Paris, 1885.
Laverdant (D.). Colonisation de Madagascar. *Paris*, 1844, in-8.

Le Chartier et **Pellerin.** Madagascar depuis sa première découverte jusqu'à nos jours. *Paris*, 1888, in-12.
Leclerc (Max.). Les peuplades de Madagascar. *Paris*, 1887, in-8.
Leguével de Lacombe. Voyages à Madagascar et aux îles Comores (1823-30). *Paris*, 1840, in-8.
Leroy. Les Français à Madagascar. *Paris*, 1884, in-12.
Little (Rév. H.-W.). Madagascar, its history and people. *London*, 1884, in-8.
Livre jaune sur Madagascar. *Paris*, 1884, in-4. (Voyez : Affaires de Madagascar.)

Macé-Descartes. Histoire et géographie de Madagascar. *Paris*, 1846, in-8.
Macquarie. Voyage à Madagascar. *Paris*, 1884, in-12.
Madagascar or Rob. Drury's journal during fifteen years captivity on that island. *London*, 1729, in-8.
Mallat de Bassilan. Cartographie de Madagascar. *Paris*.
Mandat-Grancey (de). Souvenirs de la côte d'Afrique, Madagascar, Saint-Barnabé. *Paris*, 1892, in-12.
Marield (J.). La France à Madagascar. *Paris*, 1887, in-12.
Martineau (A.). Étude de politique contemporaine. Madagascar, 1894. *Paris*, 1894, in-8.
Mémoires pour servir à l'histoire des Indes orientales, contenant : 1° La navigation de quatre vaisseaux de la Compagnie et l'établissement d'un comptoir à Madagascar, etc., etc., par M. S. D. R. (Souchu de Rennefort). *Paris*, 1688, in-4.
Mion. Rapport sur la mission hydrographique de Madagascar (années 1888-90). *Paris*, 1894, in-8.
Moulin. Madagascar et l'expédition française. *Celle*, 1886, in-12.
Mullens (J.). Twelve months in Madagascar. *London*, 1875, in-8.

Nègre. Étude politique et historique sur la colonisation de Madagascar. *Paris*, 1872, in-8.
Noël (Vincent). Ile de Madagascar. Recherches sur les Sakkalava. *Paris*, 1844, in-8.

Oliver. The true story of the french dispute in Madagascar. *London*, 1885, in-8.
Le même. Madagascar and the Malagasy. *London*, 1866, in-8.
Le même. On the Hovas and other characteristic tribes of Madagascar. (Journ. of the Anthrop. Soc. of *London*, 1870, tome III.)
Le même. Madagascar (avec nombreuses cartes), 1886, in-8.

Pauliat (L.). Madagascar sous Louis XIV. Louis XIV et la Compagnie des Indes. *Paris*, 1886, in-12.

Pauliat (L.). Madagascar. *Paris*, 1884, in-8.
Petit catéchisme que les missionnaires font et enseignent aux catéchumènes de l'île de Madagascar, en français et en cette langue. *Paris*, 1657, in-8.
Pfeiffer (Mme Ida). Voyage à Madagascar trad. par W. de Suckau. *Paris*, 1881.
Pollen. Recherches sur la faune de Madagascar et de ses dépendances. *Leyde*, 1875.
Pooka (Alph. Gaud).Cinq jours à Tamatave. *Maurice*, 1888, in-12.
Postel (R.). Madagascar avec une préface de M. de Mahy. *Paris*, 1886, in-12.
Pouget de Saint-André. La colonisation de Madagascar sous Louis XV. *Paris*, 1886, in-18.
Précis sur les établissements français à Madagascar. Imprimés par ordre de M. l'amiral Duperré. *Paris*, 1835, in-8.
Price (Rev.). Report of a visit to Madagascar. *London*, 1875, in-8.

Régnon (P. de).Madagascar et le roi Radama II. *Paris*,1863,in-18.
Richemont (P. de). Documents sur la Compagnie de Madagascar. *Paris*, 1868, in-8.
Rochon (L'abbé). Voyage à l'île de Madagascar. *Paris*, 1791 et 1802, in-8.
Rolland (J.-B.). Huit mois à Madagascar. *Marseille*, 1890, in-8.

Sachot (O.). Madagascar et les Madécasses. *Paris*, 1864, in-12.
Saillens (R.). Nos droits sur Madagascar et nos griefs contre les Hovas. *Paris*, 1885, in-8.
Shaw (A.-G.). Madagascar and France. *London*, 1885, in-8.
Sibree (J). Madagascar and its people. *London*, 1870.
Le même. History and present condition of our geographical Knowledge of Madagascar. (Proceed. of. Roy. Geogr. Soc. of London, 1879.)
Le même. The great African Island, 1880, in-8.
Sibree (J.). Madagascar et ses habitants. Trad. p. H. et J. Monod. *Toulouse*, 1873, in-8.
Sonnerat. Voyage aux Indes orientales. *Paris*, 1782, in-8.
Souchu de Rennefort. Relation du premier voyage de la Compagnie des Indes à l'île de Madagascar. *Paris*, 1668, in-12.
Le même. Histoire des Indes orientales (réimpression, avec un nouveau titre, de l'édition précédente). *Paris*, 1688, in-4.

Vidal. Madagascar. Situation actuelle. *Bordeaux*, 1845, in-8.
Vinson (Dr A.). Voyage à Madagascar. *Paris*, 1865, in-8.
Voyage à Madagascar par M. D. V. (Carpeau du Saussay). *Paris*, 1722, in-12.

Voyages (Les) faits par le sieur Du Bois aux îles Dauphine ou Madagascar. *Paris*, 1674, in-12.

Waldegrave (Bocole). An answer to M. Boothby's book of the description of Madagascar. *London*, 1649, in-4.

NOTA

Nous avons passé sous silence la plupart des travaux linguistiques publiés soit à Madagascar même par les différentes missions, soit à l'île Bourbon, etc., ces travaux se trouvant condensés dans les divers ouvrages que nous publions en ce moment sur Madagascar.

CARTOGRAPHIE

Nous engageons vivement nos lecteurs à consulter avant toute chose *Grandidier*, les cartes de Madagascar depuis le moyen âge jusqu'à nos jours (C. R. de l'Ac. des sciences, 3 mars 1884) et *Grandidier*, Histoire de la géographie de Madagascar depuis les temps anciens jusqu'à nos jours (1er volume de son Histoire physique, naturelle et politique à Madagascar). Cette consultation faite, on emploiera alors en connaissance de cause les cartes et itinéraires de M. Grandidier lui-même (J. André, 1894), celle de M. le colonel Lannoy de Bissy, celle de Laillet et Suberbie, et en dernier lieu et plus particulièrement, celle du Père Roblet.

Les cartes de l'état-major pourront aussi être consultées avec fruit de même que celles du dépôt hydrographique.

TABLE DES MATIÈRES

GÉOGRAPHIE PHYSIQUE

	Pages.
SITUATION ET ÉTENDUE	1
GÉOLOGIE	2
Terrains métamorphiques	2
Terrains primaires	4
Terrains secondaires	4
Terrains tertiaires	5
Terrains éruptifs récents	6
Sources thermales	7
Stratification	7
MONTAGNES	8
Est	12
Nord-ouest	12
Sud-ouest	14
FLEUVES	17
COTES	22
FLORE ET CULTURES	25
FAUNE	27
MINÉRAUX	28
TABLEAU SYNOPTIQUE	29

PRÉCIS HISTORIQUE

I. — ORIGINE DES POPULATIONS DE MADAGASCAR : MIGRATIONS D'AFRICAINS, D'ARABES, DE CHINOIS, DE MALAIS	32
II. — LES PORTUGAIS A MADAGASCAR	33

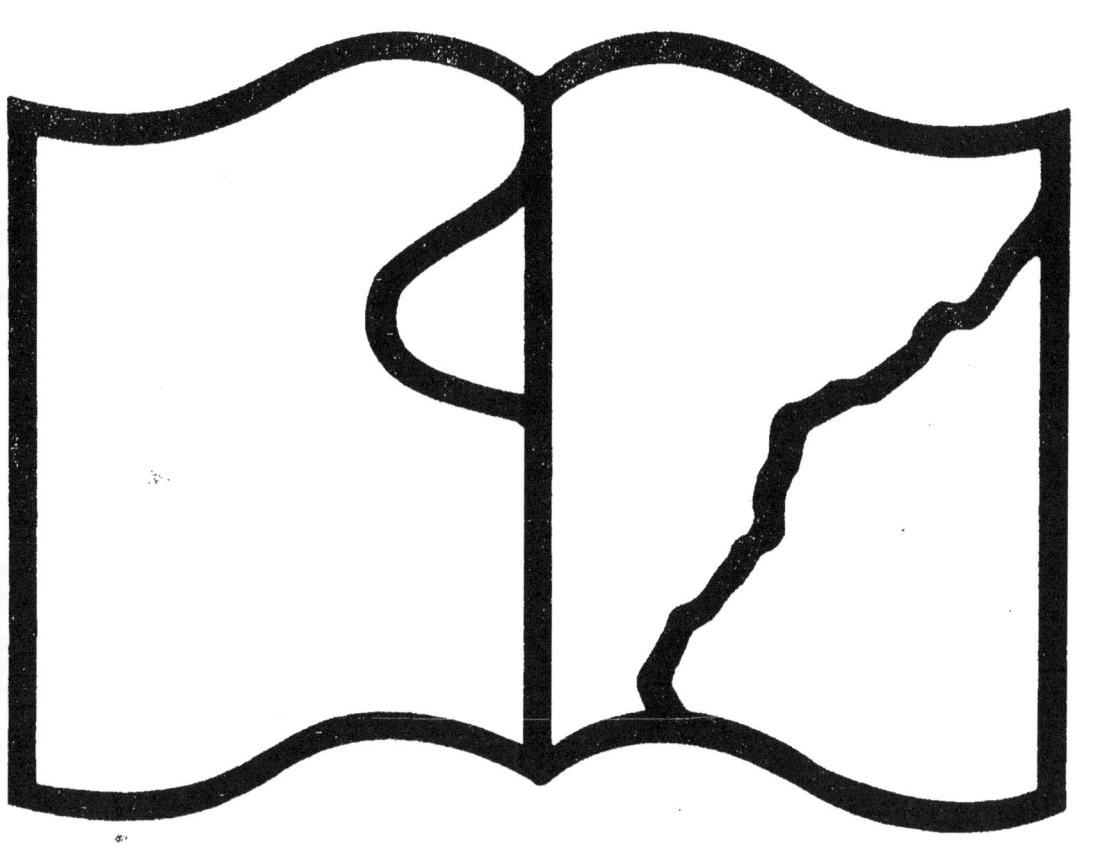

Texte détérioré — reliure défectueuse

NF Z 43-120-11

TABLE DES MATIÈRES.

Pages.

III. — Les Français a Madagascar. — La Compagnie de l'Orient 34

IV. — La Compagnie des Indes Orientales. — Réunion de Madagascar a la Couronne. 37

V. — Les Droits de la France sur Madagascar de 1686 a 1819. — L'Expédition de Benyowski. 38

VI. — Intrigues anglaises. — Formation de la Monarchie des Hovas. 42

VII. — L'Expédition française de 1829. — Madagascar fermé aux Européens . . . 45

VIII. — Lutte de l'Influence française et de l'Influence anglaise. — Le Traité du 8 aout 1868. 47

IX. — La succession Laborde. — L'expédition française de 1883-1885. — Le traité du 17 décembre 1885. 49

X. — Nos résidents a Madagascar : MM. Le Myre de Vilers, Bompard et Larrouy. 52

XI. — Résumé et conclusion. 55

L'INDIGÈNE

Administration 57
    Intérieur 67
    Corvée 68
    Bureau des affaires étrangères 70
    Justice 71
    Guerre 72
    Trésor public 75
    Instruction publique 79
    Les peuplades insoumises 81
    Mœurs et coutumes 89
    La famille 97

TABLE DES MATIÈRES.   207

Pages.

claves. 100
.lte des morts. 102
ée de Dieu. Religion 104
..abitation. 106
Vêtement 108
Nourriture. 109
Denrées et produits indigènes. 109
Conseils à un voyageur arrivant à Madagascar. . . 110

COMMERCE ET INDUSTRIE. 113

RENSEIGNEMENTS UTILES 116

Époque du départ. 116
Objets à emporter. — Emballage. 117

TABLEAU N° I. — Marchandises d'exportation. — Leur valeur. — Points où se fait le commerce. — Chiffres des exportations. — Mouvement des bateaux à Tamatave. 123

TABLEAU N° II. — Marchandises d'importation. — Leur valeur. — Points où se fait le commerce. — Chiffres des importations. — Mouvement des bateaux à Mojanga. . . 127

TABLEAU N° III. — Nombre et détail par localités des étrangers résidant à Madagascar et y exerçant un commerce ou un métier. — Maisons principales de commerce. — Personnel des diverses missions. — Liste des métiers représentés avec le nombre de ceux qui les exercent. . . . 131

TABLEAU N° IV. — Centres actuels d'exploitation pour l'industrie, la culture et l'élevage. 135

TABLEAU N° V. — Moyens de transport. — Modes de paiement. — Monnaie en cours. — Mesures de capacité et de longueur. — Poids. — Nombres 139

TABLEAU N° VI. — Voies commerciales de Madagascar. — Routes fréquentées. 143

TABLEAU N° VII. — Navigabilité des fleuves. 147
Imerina. — Betsiléo. — Sihanaka et Betsimisaraka. — Côte Est. — Côte Ouest 147

TABLE DES MATIÈRES.

HYGIÈNE

I. — Le Climat . . . .
Saisons et température de l'intérieur et des deux côtes. Régime des pluies et des vents. . . . .

II. — Acclimatement de l'Européen a Madagascar. . . . .

III. — Maladies des Européens a Madagascar .

IV. — Répartition des maladies a la surface de Madagascar. — Géographie médicale de l'Ile. 1

V. — Prescriptions générales d'hygiène. . . 10
L'alimentation. 16
L'eau. 17
L'habillement 17
L'habitation. 180
Le genre de vie. 183

VI. — Hygiène particulière du soldat en campagne et du colon en voyage a l'intérieur 185
Hygiène des marches. 186
Pendant la marche.. 186
Après la marche. 187
Habitations temporaires. Bivouac. 187
Camps temporaires 189
Tente conique. 189
Tente de marche. 190
Conseils pour l'établissement d'une tente. . . . 190
Les feuillées. 191

Conclusions générales. 192

Pharmacie. 194

BIBLIOGRAPHIE

Paris. — Typ. Chamerot et Renouard, 19, rue des Saints-Pères. — 32017.

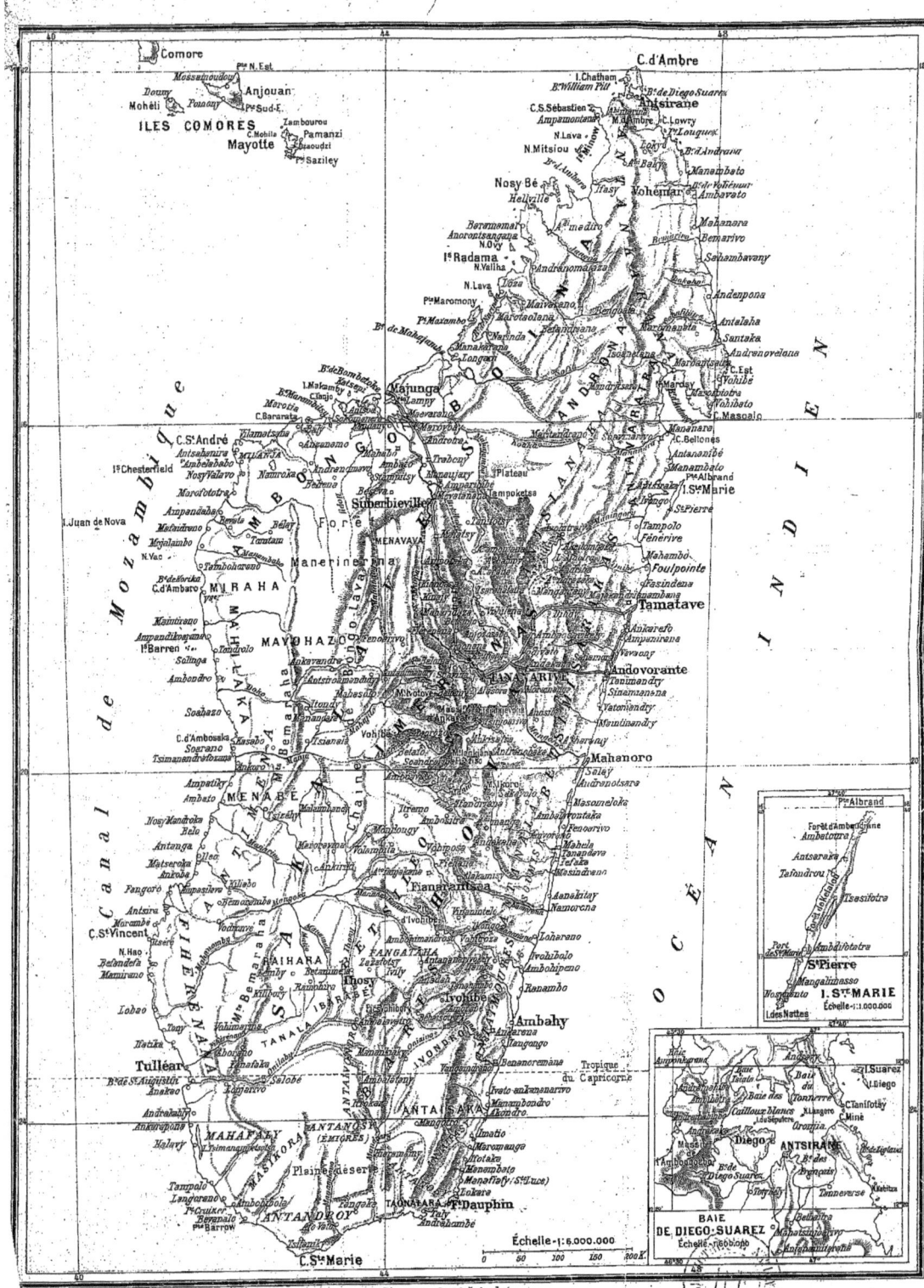

ENVIRONS D'ANTANANARIVO (MADAGASCAR)

Par le P. ROBLET S.J.

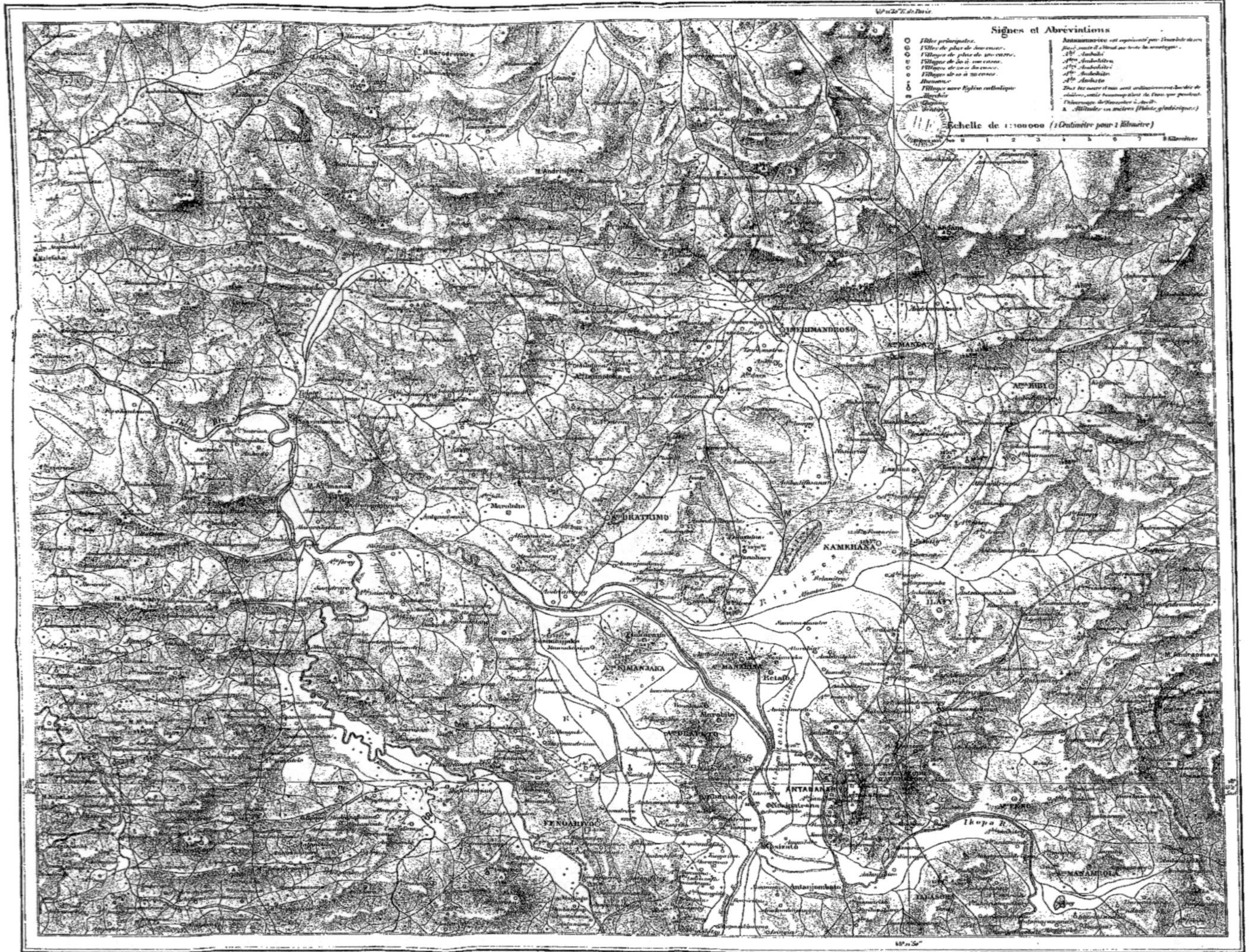

Divers Itinéraires
À MADAGASCAR
Dressés par A. Grandidier Membre de l'Institut

www.ingramcontent.com/pod-product-compliance
Lightning Source LLC
Chambersburg PA
CBHW071951160426
43198CB00011B/1638